El lenguaje de los números

Numerología esencial

Gladys Lobos Troncoso

El lenguaje de los números

Numerología esencial

Prólogo de Santiago Rojas

 Sefirá

Bogotá Barcelona Buenos Aires Caracas Guatemala
Lima México Panamá Quito San José San Juan
San Salvador Santiago de Chile Santo Domingo

Lobos Troncoso, Gladys
    El lenguaje de los números / Gladys Lobos Troncoso. --
Bogotá : Grupo Editorial Norma, 2008.
    344 p. ; 24 cm. -- (Sefirá)
    ISBN 978-958-45-1334-2
    1. Numerología 2. Adivinación 3. Números I. Tít. II. Serie.
133.335 cd 21 ed.
A1173654

    CEP-Banco de la República-Biblioteca Luis Ángel Arango

Impreso en Colombia - *Printed in Colombia*

Impreso por Cargraphics S.A.

Agosto de 2008

Diseño de cubierta, Paula Gutiérrez Roldán
Diagramación, Blanca Villalba Palacios

CC. 26000552
ISBN 978-958-45-1334-2

Si hiciera justicia a todas las personas que me han inspirado y ayudado a lo largo de mi trayectoria profesional (familia, amigos, alumnos, clientes, etcétera), las menciones serían interminables; de manera que sintetizaré con un enorme GRACIAS; les dedico este libro a todos ellos.

También, y de manera especial, lo dedico a quienes, impulsados por su afán de autoconocimiento, han recurrido a todos los medios que las paraciencias les ofrecían. A todos ellos les deseo que la lectura de este libro sea el punto de partida que los introduzca en el increíble mundo de la numerología.

Aunque la vida es lo que hacemos de ella, los números son guías que nos permiten conocer el potencial positivo y negativo que nos aportan desde el momento de nacer. La numerología nos enseña cómo usarlos para producir cambios positivos en nuestra personalidad, nuestra vida cotidiana y nuestro destino.

Contenido

Prólogo

Conocí a Gladys Lobos hace dieciocho años. En esa ocasión ella calculó mi cuadro numerológico usando los datos de mi fecha de nacimiento, nombre completo y firma. Luego, durante cerca de tres horas, se dedicó a describir de manera concienzuda y exacta, los diferentes aspectos de mi personalidad y temperamento. Fue una experiencia sorprendente pues estaba seguro de que esa información no podía haberla conocido con anterioridad. Es claro que una persona observadora y sensible, con un poco de información tomada de una entrevista, podría describir a su interlocutor. Hay personas con facultades paranormales que también podrían hacerlo. Sin embargo, lo más llamativo de este encuentro, es que Gladys se basó es una ciencia antigua, que no requiere de habilidades especiales para lograr su cometido.

Desde entonces, la numerología ha resultado una ciencia que, de manera sencilla y certera, me ha ayudado a conocerme a mí mismo y a los demás. También ha logrado que, gracias a cambios asumidos de manera consciente, haya modificado para bien ciertas condiciones de mi vida.

Debo aclarar que no sé en realidad cómo funciona la numerología en su verdadera esencia, y, aunque mi mente racional y lógica ha querido averiguarlo, he tenido que rendirme ante los hechos, con la incógnita sin resolver.

Gladys es una autoridad mundial en el tema, pero esto no le impide escribir de manera sencilla, para que cada lector entienda cómo los números que se asocian a sus nombres y fechas marcan su realidad de manera sorprendente. Cada persona que se acerque a este libro podrá, además, conocer mejor a los que lo rodean y comprenderlos en diferentes etapas de su vida.

Quiero invitar al lector a que se aproxime a este libro con mente abierta y descubra que los números no son solo cifras que valoran la cantidad de algo, sino que son parte esencial de cada uno de nosotros. Tal vez, si continúa con el aprendizaje de esta disciplina de manera insistente, llegará a la conclusión a la que llegué yo hace años: todas las formas de vida, aunque sean diversas, en esencia se componen de lo mismo: números.

¡Ánimo! Que esta aventura no es solo sorprendente, sino agradable y fácilmente aplicable gracias a Gladys. ¡Vale la pena intentarlo!

Santiago Rojas P.

La numerología antes, ahora y siempre

La numerología es una ciencia milenaria que ha sido usada por las civilizaciones más antiguas desde los albores de la historia de la humanidad.

En el mundo antiguo se daba gran importancia al significado de los nombres y es un hecho reconocido públicamente que Jesús usó la numerología al cambiar los nombres de sus discípulos.

Cada número posee unas características positivas y negativas que recibimos al transformar nuestros nombres en números.

Pero, ¿cómo y por qué recibimos las características que nos identifican a través de los números? La respuesta es espiritual y metafísica a la vez, y va mucho más allá de lo que podemos imaginar.

De acuerdo con las teorías que sustentan muchas escuelas de parapsicología, el ser humano es un alma con un cuerpo. Un alma que ha elegido el planeta Tierra como escuela y que viene a aprender, a evolucionar, a pagar deudas antiguas y a deshacer "entuertos".

Según estas teorías, nuestro yo superior, conociendo el trabajo que vamos a realizar, ha elegido las personas y las condiciones que rodearán nuestra vida.

Todo está preparado para nuestro arribo, pero nos falta lo principal; las herramientas que vamos a necesitar para hacer nuestro trabajo. El médico, el pintor, el carpintero, etcétera, necesitan el equipo adecuado para llevar a cabo su labor, y los números que forman nuestro cuadro numerológico nos proporcionarán estas herramientas.

A través de ellos recibiremos todas las características positivas y negativas que nos ayudarán u obstaculizarán nuestros propósitos, las posibilidades con que contaremos, los escollos que deberemos vencer y las pruebas que tendremos que superar. En otras palabras, el karma, según la teoría hindú.

Pero, de acuerdo con las palabras de un maestro muy sabio que se cruzó en mi camino hace muchísimos años, "el karma no tiene por qué durar toda la vida. Cuando la deuda se ha pagado, un cambio en nuestro cuadro numerológico nos proporcionará una nueva oportunidad. Nuestro yo superior nos avisa cuando ha llegado el momento, y de alguna manera entramos en contacto con la persona que puede hacerlo posible".

Aunque parezca ciencia ficción, es una realidad para todos los numerólogos que conocen la técnica y para las personas que recurren a ellos y experimentan los cambios (a veces espectaculares) que pueden lograrse con la numerología.

En nuestro cuadro numerológico pueden aparecer combinaciones de números que nos perjudican y nos causan todo tipo de problemas, pero sabemos que en el universo nada sucede al azar ni arbitrariamente. Si el cuadro es difícil y conflictivo no es por casualidad o mala suerte, es porque el alma conscientemente lo ha programado así, porque había lecciones que aprender o deudas que pagar.

Por lo tanto, la numerología ha sido, es y seguirá siendo "la gran técnica" entre todas las técnicas puestas a nuestro servicio para ayudarnos en nuestra evolución.

Historia, alcance y beneficios de la numerología

Sabemos que Pitágoras, además de ser un extraordinario matemático, filósofo y un gran maestro, se sentía atraído por las ciencias ocultas a las cuales no tenía acceso en el mundo occidental. Por esta razón, en sus viajes a Oriente recogía estos conocimientos y los trasmitía en los centros creados por él mismo, a los que llamaba "hermandades". Es así como llegó hasta nosotros la teoría de que los números no sólo sirven para realizar operaciones matemáticas, sino que revelan el carácter, la personalidad y todas las vivencias del ser humano.

Sabemos que esta es una de las técnicas más antiguas que se conocen y que fue usada por las civilizaciones egipcia, china, hindú y hebrea, pero no se conoce cuándo, dónde ni cómo comenzó. Se dice que es un patrimonio que los atlantes legaron a la humanidad, ya que resulta difícil comprender que un conocimiento tan profundo, perfecto y trascendental haya sido ideado por pueblos cuyos conocimientos eran rudimentarios en otros aspectos.

En qué se basa y en qué puede beneficiarnos

La numerología sostiene que todos los números del 1 al 9, y en casos especiales cuatro números a los que llamamos maestros (11-22-33 y 44), aportan sus características a la persona que los lleva en su nacimiento, a través de sus nombres y apellidos, o en la firma que usa en sus actividades diarias.

Al estudiar el cuadro numerológico de una persona se descubren no solo las características positivas y negativas que sus números le aportan, sino que, además, se revelan los bloqueos, problemas de personalidad, conflictos emocionales, agresividad o incapacidad para lograr los objetivos que recibe a través de ellos. El numerólogo puede solucionar en parte o totalmente estos problemas, pero sólo puede hacerlo una persona que domine esta compleja técnica, porque en caso contrario, puede ser más perjudicial el remedio que la enfermedad.

Sabemos que existen muchas técnicas de autoconocimiento y que todas son válidas, pero la numerología es la única que permite hacer cambios importantes en las características personales. A través de ella podemos también conocer las vivencias que estamos atrayendo por medio de nuestros números, y saber anticipadamente los acontecimientos que nos esperan en cada nuevo año.

Nos ayuda a escoger para nuestros hijos los nombres que los beneficiarán en la vida, elegir los números adecuados antes de iniciar un negocio y conocer nuestro potencial para elegir la profesión más adecuada a nuestra vocación y a nuestras capacidades.

En otras palabras, la numerología nos permite nadar plácida y fácilmente siguiendo la corriente, sin luchar angustiosamente contra ella. De esta manera, nos convertimos en el capitán que con conocimiento y mano segura dirige su barco hacia el puerto elegido.

CAPÍTULO 1

Características generales
de las vibraciones de nacimiento

En esta sección analizaremos las características más importantes que otorgan a la persona los nueve números simples y los cuatro números maestros según el lugar que ocupan en el cuadro numerológico.

Pero primero explicaremos los términos que usamos en numerología.

Números simples: Son los números del 1 al 9 (el 0 no se usa). En este libro explicaremos las características que cada uno imprime en la personalidad, la profesión, el dinero, el amor y las relaciones de quien lo lleva.

Números maestros: Revelan detalles especiales y adicionales que aparecen cuando los números 11, 22, 33 o 44 se encuentran en cualquier lugar del cuadro numerológico.

Vibración de nacimiento: Es el número que resulta de sumar día, mes y año de nacimiento. Este número y el de natalicio son inamovibles y reflejan una parte importante de la personalidad.

Ejemplo: 23 de junio (mes 6) de 1982 = 2+3+6+1+9+8+2 = 31 = 3+1 = 4

Natalicio: Es el carácter que le imprime a su personalidad el día en que nace la persona.

Ejemplo: 23 de junio de 1982. Natalicio = 2+3 = 5
          19 de abril de 1941. Natalicio = 1 + 9 = 10 = 1 + 0 = 1

Como ya lo mencionamos, en los números simples hablaremos de tres aspectos comunes a todos, que se refieren a la profesión, el dinero y el amor y las relaciones. Veamos a continuación los rasgos generales de cada uno de estos aspectos, que constituyen un punto de referencia para explicar las particularidades de cada tipo de número.

Profesión

Para sobresalir en cualquier profesión es necesario que sepamos aprovechar las aptitudes innatas a nuestra vibración de nacimiento. Si el número enfatiza unas tendencias y otorga unas cualidades, es importante conocerlas y guiarse por ellas en la elección de la actividad a la que pensamos dedicarnos.

Hacer lo que nos gusta o aquello para lo que estamos particularmente dotados nos facilitará con toda seguridad el camino hacia el éxito.

Dinero

Los bienes materiales, representados por el dinero, han motivado al hombre desde siempre, y cada uno de los nueve tipos humanos de la escala numerológica tiene una visión y una capacidad distinta para evaluarlo, adquirirlo y disfrutarlo.

Amor y relaciones

El amor es la fuerza que mueve el mundo y la vida no tiene sentido cuando carecemos de él. A través de los siglos hemos catalogado y bautizado el amor con distintos nombres. Está el amor que nos une al grupo al que pertenecemos por parentesco, el amor que nos vincula emocionalmente a otra persona, el amor fraternal y el amor espiritual a los maestros, a la naturaleza, a los animales, etcétera. Aunque lo hemos bautizado con distintos nombres, es siempre el mismo sentimiento, que da orientación y valor a nuestra vida. Sin embargo, cada uno de los nueve números siente y expresa el amor de distinta manera.

Vibración de nacimiento 1

Síntesis de las características positivas y negativas que
otorga el número 1 como vibración de nacimiento
(día + mes + año)

Brillo y rapidez mental. Agudeza e ingenio. Mente llena de recursos y originalidad. Personalidad ambiciosa y atrevida, fuerte y competitiva. Extrema
independencia, determinación y liderazgo. No acepta ningún tipo de inje-
rencia en su vida y se niega a ser parte del montón.

Gran seguridad y confianza en sí mismo que le permite desempeñarse
con éxito en cargos importantes, ayudado por su gran visión de conjunto,
su capacidad de planificación y sus dotes de mando, pero siempre rendirá
mejor si trabaja por su cuenta, o en puestos con cierta autonomía.

Normalmente en este número prima lo racional sobre lo emocional.

Rebelde, dictatorial y excesivamente dominante. Franco sin diplomacia,
sarcástico y cáustico. La palabra puede ser un arma peligrosa en sus manos.
Mal perdedor, pretende tener siempre la razón y no reconoce sus errores.
Egoísmo, egolatría y soberbia A menudo genera envidias y antagonismos.

Profesión

Su inteligencia y creatividad lo capacitan para trabajar en cualquier campo,
pero se desempeñará mejor en puestos de mando donde pueda liderar y
poner en práctica sus ideas. Sin embargo, su mejor opción es trabajar por
su cuenta, porque le cuesta mucho aceptar órdenes a menos que vengan de
una persona que pueda admirar y respetar.

Su campo de acción es muy amplio porque su visión de conjunto, su dinamismo y capacidad para planificar son superiores a las de otras personas, y generalmente impone sus ideas y sus condiciones.

Como es extraordinariamente autosuficiente, lucha por lo que desea y por lo general lo consigue. Autónomo y seguro de sí mismo, no le gusta deberle nada a nadie y, como es muy ambicioso y no se conforma con puntos medios, puede llegar muy alto.

Dinero

La persona 1 no suele tener problemas para ganarlo, pero a veces sí para conservarlo.

Fastuoso, espléndido, impulsivo y atrevido en la abundancia, puede endeudarse por vivir más allá de sus posibilidades, por embarcarse en negocios arriesgados que no ha madurado convenientemente o por arriesgarlo todo sin pensarlo dos veces.

En ocasiones a las personas 1 les falta sentido práctico (tierra) y se dejan dominar por la ambición.

Amor y relaciones

Como en casi todo tipo de relaciones, la persona 1 tiende a ser dominante y absorbente con sus seres queridos. Atrae con su fuerte personalidad, su dominio de la palabra y su brillante inteligencia, pero siendo este un número más mental que emocional, se puede mostrar cambiante en el amor (como en todo tipo de relaciones), lo que puede ser desconcertante para los demás.

Solícito, amoroso, tierno y delicado en circunstancias propicias, se enfría y puede actuar erráticamente y de manera poco considerada si surgen problemas, o si se encuentra inmerso en algún proyecto que considere importante.

Cómo afecta el natalicio a la persona 1

NACIMIENTO 1 + NATALICIO 1, 10, 19 Y 28

Es individualista e independiente en grado sumo, y posee gran ambición y capacidad de liderazgo. Hábil, inteligente y creativo. Aptitudes intelectuales, lucidez y poderes de planificación y razonamiento. Seguridad en sí mismo. Tiene un alto concepto de su propia capacidad. Se siente distinto y desea que los demás reconozcan su talento. Dominio de la palabra hablada y escrita.

Si usa sus cualidades en forma constructiva, puede ser un gran líder e innovar en muchos campos. Imperiosa necesidad de libertad e independencia.

Cuando aparece la parte negativa de estos números se muestra ostentoso, derrochador, egocéntrico y egoísta, con una manifiesta tendencia a imponer sus planes y sus deseos a los demás. En tal caso, corre el riesgo de dispersarse y vivir en un mundo irreal. Le costará mucho centrarse, y su mente puede convertirse en un caos del que no sacará ningún provecho porque se negará a reconocer sus debilidades o sus errores. Rebelde, dominante y dictatorial, no aceptará directrices ni el dominio de nadie. Falta de realismo, estabilidad y perseverancia.

(Como es lógico, en este caso las características del número 1 están acentuadas al aparecer en el natalicio y en la vibración de nacimiento).

NACIMIENTO 1 + NATALICIO 2, 11, 20 Y 29

Características contradictorias que dan lugar a un comportamiento desconcertante y desigual en ocasiones.

A veces se mostrará ambicioso, seguro de sí mismo, inteligente, brillante y creativo. Su imaginación y capacidad de liderar pueden abrirle muchas puertas y podrá sobresalir en cualquier campo que elija. Impactará por su seguridad y su personalidad relevante. En esos momentos puede tener dominio de la palabra hablada y escrita y puede mostrarse brillante; pero en otros momentos se mostrará tímido e inseguro. Comprensivo, cooperador, emotivo, intuitivo y receptivo, incomprensiblemente necesitará el apoyo y respaldo de los demás para demostrar su valía

Cuando aparece la parte negativa de esta contradicción, se mostrará egoísta y egocéntrico, o demasiado sumiso y servil. Puede derrochar seguridad en sí mismo y en otros momentos, de manera inexplicable, sufrir ataques de inseguridad, especialmente si se enfrenta a situaciones desconocidas o de riesgo.

Excesivamente dominante, intentará imponerse en todo, creando situaciones difíciles, aunque, por otra parte, no podrá vivir en un ambiente tenso o entre personas agresivas.

En ocasiones le faltará tacto al expresarse y en otras se morderá la lengua para no herir y soportará demasiado.

Oscilará a menudo entre ser un líder o un seguidor.

Nota: Si el natalicio es maestro (11 - 29), la obligación de servicio puede marcar la vida de la persona. Las necesidades y problemas ajenos serán prioritarios y no le importará sacrificarse para solucionarlos.

NACIMIENTO 1 + NATALICIO 3, 12, 21 Y 30

Hábil, original y creativo. Gran ambición y condiciones de líder carismático, extrovertido y encantador.

Posee lucidez mental, seguridad en sí mismo y capacidad de raciocinio.

Su personalidad es fascinante, tiene el don de la comunicación y le gusta ser centro de atención. Se siente distinto a los demás, pero quiere que la gente lo reconozca.

Sociable y expansivo. Dominio de la palabra hablada y escrita. Su mente artística y creativa, brillante y genial, a veces le permite planificar a cualquier nivel.

Absolutamente encantador cuando quiere y con quien quiere, puede manipular, consciente o inconscientemente, para conseguir sus fines.

Cuando asoma la parte negativa se muestra dominante, dictatorial, egoísta y caprichoso.

Iluso e irreflexivo, se niega a ver o aceptar la realidad si es negativa o no le conviene. Le falta firmeza de propósitos, realismo y perseverancia para sacarle provecho a su talento. No se enfoca y cree que todo le está permitido. Puede haber dispersión de propósitos y desperdicio de facultades, aunque sea genial.

NACIMIENTO 1 + NATALICIO 4, 13, 22 Y 31

Características contradictorias que crean a veces un comportamiento desconcertante y desigual.

Inteligente, original, ambicioso y seguro de sí mismo. Tiene cualidades de líder, es carismático, creativo y siempre encuentra solución a los problemas.

Rebelde, intenso, impetuoso, independiente e individualista, quiere ir por la vida a su manera, sin copiar ni seguir a nadie.

Osado y audaz, cuando muestra las características reseñadas hasta ahora, no razona y abarca más de lo que puede controlar. Pero cuando revela la otra parte de su personalidad se muestra extremadamente cauto y precavido, lo que puede anular su impulso creador. Se frena e inhibe a la hora de actuar, y por ser tan realista puede llegar a ser pesimista. Trabajador infatigable, responsable, serio y ordenado, necesita sentirse seguro antes de arriesgarse, por eso el dinero es muy importante para él. Le preocupa el futuro y lo que podría suceder en caso de accidente o enfermedad.

Muy introvertido a veces, es posible que se exprese con facilidad a nivel profesional, pero le cuesta abrirse y expresar sentimientos. Posee poderes de sanación.

Nota: Si el natalicio es maestro (22), estará presente una fuerte motivación de servicio. Las ambiciones son las mismas, pero siempre intentará compartir con los menos afortunados.

NACIMIENTO 1 + NATALICIO 5, 14 Y 23

Características de gran vitalidad, inteligencia, entusiasmo y rapidez mental. Bastante polifacético, tiene muchos y variados intereses, inquietudes y aptitudes. Podría dominar y sobresalir en cualquier campo, porque capta todo con gran facilidad.

Individualista e independiente en grado sumo, no acepta dominio ni imposición de ningún tipo y se rebelará, incluso violentamente, ante las injusticias o si siente que alguien trata de reprimirlo o someterlo contra su voluntad.

Vital y extrovertido, siempre en busca de sensaciones y experiencias nuevas, le interesa todo lo que sea original y fuera de lo común.

Intuitivo y perceptivo capta con facilidad todas las variantes del comportamiento humano y del medio en que se mueve, porque siente fuertemente las energías que lo rodean.

Cuando aparece la parte negativa puede mostrarse tenso, extremadamente impaciente, agresivo, radical y tajante. También puede demostrar falta de tacto. Es demasiado temperamental, e incluso en ocasiones explosivo.

Como no soporta la rutina y tiene siempre los nervios a flor de piel, si no controla su exagerado deseo de vivir intensamente, no se centrará nunca lo suficiente como para sacarle partido a sus indudables cualidades. Desperdiciará su vida, atraerá vivencias conflictivas y difíciles, enfrentamientos a nivel familiar o laboral, y falta de estabilidad. Su principal lucha debe ser consigo mismo.

NACIMIENTO 1 + NATALICIO 6, 15 Y 24

Tendencias contradictorias que pueden crear desconcierto y un comportamiento variable.

A veces se muestra libre, independiente, primordialmente mental e individualista. Buen organizador, planea inteligente y constructivamente. Tiene muchas habilidades y suele tener ideas brillantes y creativas. Carácter fuerte y posesivo, emancipado y ambicioso con gran seguridad en sí mismo. Sin embargo, en ocasiones predominan los sentimientos. Ya no domina la cabeza y se muestra como una persona emotiva, extremadamente sensible, dependiente, vulnerable y obsesiva. Cuando surge un problema emocional toca fondo y no puede liberar su mente.

Indolente y autocomplaciente, puede desperdiciar su excelente potencial o talento artístico por pereza o negligencia, ya que tiende a seguir la línea del menor esfuerzo cuando las cosas se ponen difíciles.

Mental y emotivo a la vez, en ocasiones está totalmente inmerso en sus propios asuntos. Otras veces es extraordinariamente generoso.

Los sentimientos suelen ser su talón de Aquiles y pueden atraerle cargas familiares.

NACIMIENTO I + NATALICIO 7, 16 Y 25

Naturalmente culto y refinado, quiere y exige lo mejor de lo mejor en todo sentido.

Se destaca por su inteligencia, brillantez y rapidez mental; gran capacidad de análisis y raciocinio. Demuestra facilidad de aprendizaje y gran curiosidad intelectual.

Individualista e independiente en grado sumo, solo acepta órdenes de las personas que se destacan por su relevante personalidad o por su talento, personas dignas de admiración.

Es serio, profundo e introvertido con un alto grado de reserva y dignidad. Casi siempre predomina la mente sobre las emociones y puede mostrarse impasible, frío e imperturbable.

De gran creatividad e ideas originales. Capaz de liderar y planificar a cualquier nivel. Frío, egoísta y egocéntrico, puede mostrarse cáustico, mordaz, sarcástico e incisivo. Solitario e introvertido, le cuesta encajar en la sociedad. Muchas personas no lo entienden o lo rechazan, lo que en ocasiones atrae un destino de soledad.

Según el resto del cuadro numerológico puede sufrir de angustia o depresión.

NACIMIENTO 1 + NATALICIO 8, 17 Y 26

Posee una personalidad muy fuerte y una gran facilidad de planificación, características que pueden llevarlo a las más altas posiciones de éxito y poder, y que están reforzadas por una gran capacidad de trabajo, inventiva y una mente llena de recursos.

Tiene todas las condiciones para llegar muy alto, y si no lo logra es porque en el resto del cuadro numerológico hay números que lo bloquean.

Debe evitar mostrarse demasiado dominante, duro, inflexible, intransigente o egoísta. Si no repara en los medios para conseguir sus fines, puede pagarlo con soledad y rechazo.

Estos números son muy poderosos y se complementan en su empuje, sus grandes ambiciones, su capacidad de liderazgo y planificación, su inteligencia y fuerte temperamento. En muchas ocasiones, aunque logren sus propósitos, no son felices porque han sacrificado muchas cosas en el camino.

Posee poderes de sanación.

NACIMIENTO 1 + NATALICIO 9, 18 Y 27

Es una personalidad brillante, emancipada y extravagante que valora su libertad por sobre todas las cosas.

Se caracteriza por una enorme curiosidad y necesidad de conocimientos que pueden facilitar una carrera científica, intelectual o artística.

Siempre reacciona con generosidad a las necesidades y problemas humanos, de manera que podría dedicarse también con éxito a una profesión de servicio.

Extrovertido, sociable, comunicativo, libre e individualista, tiene facilidad de palabra y el don de la comunicación. Puede mostrarse también duro, inflexible, dictatorial, agresivo y polémico. Abierto, espontáneo y vital, suele tener seguridad en sí mismo y gran habilidad para resolver problemas y encontrar soluciones que otros no ven. Es mental, racional, pragmático y, a la vez, generoso, muy espiritual e intuitivo. Demuestra franqueza excesiva que puede crearle problemas de convivencia.

DATOS CURIOSOS E INTERESANTES RELACIONADOS CON LAS DISTINTAS VIBRACIONES DE NACIMIENTO

Cósmicamente su obligación es inspirar a los demás a usar su inteligencia, recursos mentales y confianza en sí mismos para alcanzar sus objetivos. Deben demostrar con su propio ejemplo que esto es posible. Su propio reto personal es superar las trampas del ego y el egoísmo, y aprender a compartir y a colaborar.

PLANETA	★	SOL
SIGNO ZODIACAL AFÍN	★	LEO
PIEDRA	★	DIAMANTE Y RUBÍ
METAL	★	EL ORO
DÍA	★	DOMINGO
FLOR	★	LA ROSA
COLORES	★	AMARILLO, DORADO, NARANJA
NÚMEROS AFORTUNADOS	★	1 - 3 - 9

ALGUNAS PERSONALIDADES 1

Émile Zola • Ortega y Gasset • Mijaíl Gorbachov • Karl Marx • León Tolstoi • Alfred Nobel • Napoleón Bonaparte • Martín Lutero • Miguel de Cervantes • Nerón • Walt Disney • Alain Delon • Ernest Hemingway • Somerset Maugham • Charles Chaplin • Bruce Springsteen • Plácido Domingo • Miguel Bosé • Carlomagno • Gerardo Diego

Vibracion de nacimiento 2

Síntesis de las características positivas y negativas que otorga el número 2 como vibración de nacimiento (día + mes + año)

Sus características principales son el tacto, la dulzura, la abnegación y la comprensión.

Es modesto, sencillo y sin grandes pretensiones, no desea ser centro de interés, sino pasar desapercibido y ser un mensajero de paz y buena voluntad. Apoya, consuela y unifica, casi siempre anónimamente, y suele ser la fuerza o el poder detrás de personas importantes.

Tolerante, discreto e indulgente, intenta comprender las motivaciones ajenas. No juzga, sabe perdonar y limar las asperezas, así como resolver situaciones difíciles y serenar a las personas conflictivas.

Sensible, espiritual y equilibrado, trasmite su propia paz a los demás.

Excelente colaborador, es diplomático, adaptable y un trabajador responsable y de confianza.

Excesivamente tímido, inseguro y acomplejado, sus dudas y temores obstaculizan su capacidad de realización.

Demasiado ingenuo y manejable, depende de la aprobación ajena y no sabe defenderse. Se acobarda, no se rebela, sino que calla y cede ante los abusos, porque los enfrentamientos y las discusiones lo desequilibran totalmente.

Susceptible y suspicaz, suele ver ofensas donde no las hay. Se desmoraliza y cae en el pesimismo, de manera que la aprobación y el afecto de los demás son fundamentales para su felicidad y autorrealización.

Profesión

Metódico, trabajador y organizado, es capaz de planificar y llevar adelante cualquier proyecto, pero suele faltarle la confianza en sí mismo, el atrevimiento y la audacia que permiten correr riesgos y aventurarse. Sin embargo, tiene la inteligencia para reconocer esto y se rodea de las personas adecuadas, ya que suele ser demasiado cauto y conservador para dirigir una empresa por sí solo.

Su tacto y diplomacia lo hacen el socio ideal y un patrón justo, recto y objetivo.

Extraordinariamente competente y responsable, su contribución es importante para cualquier empresa porque nunca defrauda a las personas que confían en él.

Dinero

Esta persona suele tener habilidad para los negocios, pero más para organizarlos y dirigirlos que para aventurarse, iniciarlos o especular. Cauto, prudente y previsor, reconoce el valor del dinero pero no es esclavo de él y no lo malgasta. Generalmente es una persona modesta y espartana que no ambiciona lujos y rechaza la ostentación, aunque gasta alegremente en sus seres queridos.

Amor y relaciones

Como uno de los mayores problemas de la persona 2 es la inseguridad y la falta de confianza en sí mismo, necesita sentirse querido y aceptado por los demás. Afectuoso, tierno, dulce y sensible, trata de agradar y hacer la vida más fácil a los que lo rodean. Suele pensar antes en la gente que quiere y depende de él que en sí mismo, y hace cualquier sacrificio para llevarse bien con todos y vivir en un ambiente de paz y armonía, lo cual lo convierte en una persona entrañable que por regla general puede convivir con todos los demás números. Sin embargo, a veces soporta más de lo que debe y puede ser objeto de abusos, pero siempre está dispuesto a olvidar y perdonar.

Cómo afecta el natalicio a la persona 2

NACIMIENTO 2 + NATALICIO 1, 10, 19 Y 28

Se destaca por su bondad, generosidad, sensibilidad, moderación y tacto.

Analítico, prudente y excesivamente perfeccionista, no suele tener problemas para trabajar en equipo.

Dulce, tímido, diplomático, sencillo y humilde puede ser objeto fácil de engaños y vejámenes.

Inseguro, indeciso y acomplejado, suele subestimarse sin razón y, sin embargo, en otros momentos se atreve a todo.

Creativo, brillante, con una mente llena de ideas originales, suele pasar de los miedos a la jactancia, de la sencillez a la petulancia, y de ser demasiado manejable a mostrarse dominante. A pesar de todo, siempre será una persona creativa, inteligente y con muchos intereses y aptitudes.

Nota: Si el natalicio es maestro (11), hay motivaciones de servicio que marcarán su vida.

NACIMIENTO 2 + NATALICIO 2, 11, 20 Y 29

Se trata de una persona increíblemente buena, que siempre intenta ser útil y facilitarles la vida a los demás.

Dulce, tierno, comprensivo y diplomático, necesita vivir en paz y armonía y generalmente está dispuesto a cualquier claudicación personal para preservar las buenas relaciones.

Humilde y sencillo, suele generar un ambiente grato y relajado, pero, aunque los demás no lo notan, sufre de gran tensión e inquietud interna.

Susceptible, indeciso y caprichoso, sus temores y vacilaciones pueden convertirse en paralizantes complejos de inferioridad.

Artístico, estético, creativo y sensible, tiene muchas cualidades que a menudo no afloran por bloqueos, debilidad o falta de dinamismo. No sabe defenderse y se expone a ser usado y agredido. Generalmente pasa desapercibido por la vida, tratando de no herir ni perjudicar a nadie.

Nota: Si el nacimiento y el natalicio son maestros (11), una profunda motivación de servicio marca su vida. Sin embargo, si no logra canalizarlas debido a sus dudas e inseguridades, la persona se sentirá frustrada e infeliz.

NACIMIENTO 2 + NATALICIO 3, 12, 21 Y 30

Demuestra generosidad, buenos sentimientos, calor humano y deseos de servir y agradar.

De carácter dulce, comprensivo y cooperador, busca la compañía de otras personas porque necesita sentirse respaldado, protegido y aceptado.

Por lo general, suele crear un ambiente tranquilo y relajado a su alrededor, lo que lo hace grato a los demás.

Tierno, emotivo y sensible, normalmente tiene una vena artística muy importante y sabe apreciar las manifestaciones del arte, la mente y el espíritu.

Muchas e interesantes ideas creativas lo ayudarán a alcanzar el éxito en una carrera de cara al público.

Se destaca por su optimismo, simpatía y encanto, aunque a menudo demasiada pasividad. Le falta tenacidad y espíritu de lucha, y además tiende a ser autocomplaciente, negándose a enfrentar la realidad si esta no es fácil y agradable, o si no se acomoda a sus deseos. Algunas veces es superficial.

Nota: Si el nacimiento es maestro (11), el natalicio puede distraer a la persona de su inclinación de servicio. Una solución es darle salida a través de una actividad artística.

NACIMIENTO 2 + NATALICIO 4, 13, 22 Y 31

Lo caracterizan la sensibilidad, tacto y moderación, timidez y diplomacia, humildad y sencillez. No le importa ocupar un segundo plano con tal de que brillen sus seres queridos.

Excesivamente vulnerable, llega a cualquier sacrificio y claudicación para preservar la armonía y las buenas relaciones.

Aunque parece tranquilo y equilibrado exteriormente, es extremadamente nervioso y aprensivo.

Como estos son números muy contradictorios, a veces se muestra indeciso, débil e inseguro, y en otras ocasiones fuerte, sensato y práctico, muy trabajador y con un gran sentido de responsabilidad. Tenaz hasta la testarudez, ordenado y metódico, va sin prisas pero sin pausa por la vida y no espera que nadie le haga su trabajo.

Será siempre una persona honesta, justa y gran defensora de los derechos propios y ajenos. Posee poderes de sanación.

Nota: Si el nacimiento es maestro (11), la persona viene con una misión de servicio que no puede pasar por alto, esto le dará sentido a su vida, El compromiso es más fuerte e ineludible si el natalicio es también maestro (22).

NACIMIENTO 2 + NATALICIO 5, 14 Y 23

Números muy contradictorios.

Inspirado, intuitivo y receptivo, suele captar no solo el carácter de las personas, sino incluso las energías ambientales. Si se siente a gusto en un lugar o con ciertas personas es porque recibe buenas energías, no así si capta energías negativas.

Buena persona, generoso, sensible y emocional, necesita apoyo y estímulo constante para vencer su timidez, sus vacilaciones, su inseguridad y sus complejos.

Las personas agresivas le alteran su sistema nervioso y está dispuesto a cualquier sacrificio para vivir en paz y armonía. Sin embargo, a menudo se muestra nervioso, tenso, agresivo e impaciente, de manera que a veces suele ser él mismo quien rompa la armonía.

Por una parte, necesita actividad, emoción y una vida trepidante, y por otra, tranquilidad y quietud.

Valiente, atrevido y audaz, a veces se lanza sin pensar en las consecuencias, y en otras ocasiones sus dudas y temores lo paralizan justo cuando debería actuar.

Nota: Si el nacimiento es maestro (11), la motivación de servicio es insoslayable.

NACIMIENTO 2 + NATALICIO 6, 15 Y 24

Extraordinariamente noble, generoso y altruista, es una excelente persona sin malicia, servicial y con un gran sentido de responsabilidad hacia sus seres queridos.

Juicioso, equilibrado y sereno, genera una sensación de paz y reposo a su alrededor. Su hogar suele ser un refugio donde se aísla, porque a menudo se siente inseguro y vulnerable.

Aunque es una persona seria y responsable que suele tener aptitudes artísticas y creativas, a menudo no está preparado para enfrentarse a la lucha, desafíos y competencia de la vida moderna. Puede ser por bloqueos que le impiden dar salida a su potencial, o por simple pereza o indolencia.

La inocencia, credulidad y falta de picardía lo exponen al abuso y al atropello.

Sufre de excesiva vulnerabilidad y apego a las personas que ama. Los problemas emocionales lo ofuscan y anulan y por eso decimos que los sentimientos son su talón de Aquiles. Puede verse lleno de cargas familiares a lo largo de su vida.

Nota: Si el Nacimiento es maestro (11), solo se sentirá realizado y feliz a través del servicio humanitario.

NACIMIENTO 2 + NATALICIO 7, 16 Y 25

De carácter serio, reposado y sereno con un gran sentido del decoro y la dignidad. Aprecia más que otras personas la estética, la belleza, lo fino y delicado, y sufre profundamente si se ve obligado a vivir en un ambiente sórdido o mezquino.

Su generosidad a menudo lo lleva a una profesión de servicio social o humanitario.

La percepción, profundidad e idealismo pueden alejarlo de la realidad, de manera que a menudo vive en un mundo creado por su mente, totalmente ajeno a la auténtica realidad.

Analítico y profundo, con grandes inquietudes espirituales e intelectuales, busca la sabiduría en general y en especial su propio autoconocimiento.

Es dulce, comprensivo, tierno y emotivo a veces. En otras ocasiones es extremadamente racional, frío y calculador.

Solitario y depresivo, a menudo no encaja en la sociedad y puede tener problemas de comunicación. Sufre de miedos, complejos o inseguridad ante situaciones de riesgo.

Nota: Si el Nacimiento es maestro (11), las inquietudes espirituales y de servicio están muy acentuadas.

NACIMIENTO 2 + NATALICIO 8, 17 Y 26

Sus cambios de carácter y de comportamiento pueden ser perturbadores y desconcertantes, tanto para sí mismo como para los demás. Oscilará entre una dulzura y mansedumbre que puede hacerlo parecer como una persona débil y apocada, y en otros momentos se mostrará duro, exigente e intolerante. Por una parte, deseará vivir en paz evitando enfrentamientos y personas dominantes y agresivas. Por otra, estará dispuesto a luchar y no transigir cuando están en juego sus metas o ideales.

A veces será indulgente y manejable, no le gustará mandar ni tomar la iniciativa, y en otras ocasiones querrá llevar el control de todo y se mostrará rígido, severo e inflexible.

Gran ambición y capacidad de logros, pero es posible que sus dudas, miedos y bloqueos le impidan sacarle partido a su potencial. El dinero será importante porque es una persona previsora y le preocupa el mañana.

Necesita números abiertos y decididos que le den seguridad en sí mismo. Demuestra magnetismo y poderes de sanación.

Nota: Si el nacimiento es maestro (11), es posible que los bloqueos no sean tan perturbadores, pero debe tener presente que el servicio debería ser prioritario en su vida.

NACIMIENTO 2 + NATALICIO 9, 18 Y 27

Contradicciones desconcertantes que provocan impulsos y actitudes discordantes que alteran o confunden a la persona, pero que pueden ser beneficiosas.

Ambos números son generosos y aportan la necesidad y la obligación de entregarse al servicio humanitario, de manera que su meta prioritaria será amar, apoyar y defender a quien lo necesite sin pensar en sí mismo.

Muy intuitivo y perceptivo, a veces se muestra excesivamente tímido, inseguro, acomplejado y vacilante. En otros momentos está lleno de vitalidad, entusiasmo y valor. A veces se muerde la lengua para no herir o antagonizar a las personas de su entorno, y otras veces su franqueza destemplada y lacerante puede hacer mucho daño, pero nunca lo hará premeditadamente o con maldad. Puede desafiar la autoridad de cualquiera, como dejarse maltratar.

Emotivo, sensible, dulce y vulnerable, o temperamental, agresivo y exaltado.

Nota: Si el nacimiento es maestro (11), su necesidad de servicio es mucho más imperiosa e ineludible.

DATOS CURIOSOS E INTERESANTES RELACIONADOS CON LAS DISTINTAS VIBRACIONES DE NACIMIENTO

Cósmicamente su obligación es enseñar que la tolerancia y la comprensión son cualidades que el alma necesita para ser completa y perfecta, y que al aceptar, al ser flexibles y perdonar, se gana la batalla más importante: la del equilibrio interior. Su reto personal es aprender a fortalecer la autoestima superando las debilidades e inseguridades de esta vibración.

PLANETA	★	LUNA
SIGNO ZODIACAL AFÍN	★	LIBRA
PIEDRA	★	ÁGATA, ÓPALO, ZAFIRO
METAL	★	PLATA
DÍA	★	LUNES
FLOR	★	VIOLETA
COLORES	★	BLANCO, LILA
NÚMEROS AFORTUNADOS	★	2 - 7 - 9

ALGUNAS PERSONALIDADES 2

Federico García Lorca • Lord Byron • Unamuno • Henry Kissinger • Diego Armando Maradona • Debussy • Claude Monet • R.L. Stevenson • Edgar Allan Poe • Nikoláy Rimsky-Kórsakov • G. García Márquez • Martin Luther King • Maquiavelo • Dalái Lama • Mozart • Gustavo Adolfo Bécquer • Hans Christian Andersen

Vibración de nacimiento 3

Síntesis de las características positivas y negativas que otorga el número 3 como vibración de nacimiento (día + mes + año)

Es un ser brillante, ingenioso, artístico y libre de prejuicios o limitaciones, con gran poder de seducción y un don especial para impresionar favorablemente.

Alegre, sociable y espontáneo, su fascinante personalidad le abre muchas puertas. Suele recibir ayuda sin esforzarse demasiado porque este es un número de nacimiento afortunado.

Posee gracia, picardía, optimismo y entusiasmo contagiosos. Busca el amor, la alegría y las cosas bellas y se niega a pensar en negro, porque para él los problemas no existen o no son tan graves como parecen.

Expansivo, generoso y amistoso, encandila con su fascinante personalidad y le encanta ser el centro de atención, pero a menudo es simpático cuando quiere, y con quien quiere o le conviene...

Artísticamente polifacético puede expresarse en cualquier campo.

Normalmente este no es un número fuerte, sino que absorbe las características de los números que lo rodean.

Maleable, infantil e influenciable puede caer en la superficialidad. Entonces se niega a responsabilizarse o a tomarse la vida en serio. Autocomplaciente, cree que todo le está permitido, busca la vida fácil y satisfacer sus caprichos. Puede manipular cuando le conviene o prometer cosas que no cumple. No acepta la realidad y recurre a cualquier medio para autoengañarse.

Profesión

Su creatividad e imaginación le permiten sobresalir en cualquier profesión porque su mente ágil, despierta y fecunda le ayuda a comprender y asimilar con rapidez cualquier estudio.

Debería evitar los trabajos prácticos y rutinarios ya que se desempeñará mejor cuando pueda usar sus poderes artísticos y creativos.

Exuberante, sociable y amistoso, cae bien a todos. Como le gusta ser el centro de atención no suele pasar desapercibido.

Su gran simpatía le facilita las cosas y le abre puertas cerradas para otros, lo cual puede ser negativo porque no le da importancia a lo que tiene o cree que todo le está permitido.

Este número favorece todas las profesiones relacionadas con el arte, la belleza, la literatura y todas las opciones que da la informática.

Inteligente, imaginativo y encantador, lo tiene todo para situarse donde su ambición lo lleve, pero debe centrarse y responsabilizarse porque le falta sentido práctico y perseverancia.

Dinero

Para las personas 3 ganar dinero no suele ser nunca un problema porque tienen muchos recursos para lograrlo.

Ya se ha dicho que en general son personas afortunadas y polifacéticas; o sea que nunca les faltarán los medios para alcanzar sus objetivos económicos. Sin embargo, deben intentar centrarse y ceñirse a un presupuesto, porque suelen derrochar alegremente. Les cuesta mucho negarse un capricho y piensan que el dinero se gana para gastarlo.

Amor y relaciones

Ya que reacciona apasionada y vehementemente ante todos los estímulos, la persona 3 vive el amor intensamente... mientras dura, porque debido a su gran imaginación y fantasía, suele creerse enamorado muchas veces. No obstante, cuando aparece el verdadero amor es fiel y constante, afectuoso, tierno y considerado, aunque descuida sus obligaciones familiares porque tiene muchos compromisos e intereses externos.

Cómo afecta el natalicio a la persona 3

NACIMIENTO 3 + NATALICIO 1, 10, 19 Y 28

Es extraordinariamente vital y simpático, lleno de alegría y calor humano. Le encanta ser el centro de atención y sobresalir.

Inteligente y creativo, su mente no deja de generar ideas y proyectos, pero si no hay números estables en el resto del cuadro numerológico, sus planes no se concretan y desperdicia su potencial.

Muy independiente, no quiere depender de nadie y solo respeta a las personas brillantes y capaces que se destacan en la vida.

Hábil, seguro de sí mismo y lleno de recursos mentales, puede convertir en éxito el fracaso y no se detiene o ahoga en pequeñeces. Posee una amplia gama de habilidades que le permiten tener éxito en muchos campos.

Positivo y optimista, suele negarse a ver las cosas con realismo o trabajar manualmente porque prefiere usar la mente, pero si no se centra puede malograr su vida.

Si aparece la parte negativa se muestra egoísta y egocéntrico, y puede manipular para conseguir sus fines.

NACIMIENTO 3 + NATALICIO 2, 11, 20 Y 29

Creativo, polifacético y con gran talento, podría sobresalir en cualquier profesión artística o en una en la cual necesite tener contacto con el público.

Sabe decir la palabra apropiada en el momento oportuno. Sociable, comunicativo y encantador... cuando quiere y con quien quiere.

Nunca será grosero, pero ignorará a las personas que no le interesan.

Generoso y noble, necesita ayudar y sentirse útil, pero en esto, como en todo, debe tratar de perseverar porque tiende a ser inconstante y a rendirse cuando las cosas se ponen difíciles o entrañan demasiado esfuerzo o sacrificio.

Dulce, tierno, tímido y vulnerable pero inseguro y ansioso de aceptación y protección, siempre optimista y vital, es una persona encantadora a la que a veces le falta energía y solidez. En ocasiones lo da todo y puede mostrarse también voluble e inconstante.

Nota: Si el natalicio es maestro (11 - 29), proporciona además sensatez, seriedad y, sobre todo, motivación de servicio humanitario.

NACIMIENTO 3 + NATALICIO 3, 12, 21 Y 30

Es extraordinariamente simpático, sociable, optimista y creativo.

Brillante y convincente, consciente o inconscientemente puede ser un gran manipulador que usa su encanto y conocimiento de la gente en su provecho, pero nadie se molesta ni se ofende, porque debido a su simpatía se le perdona todo.

Excepcionalmente polifacético, su capacidad artística y su talento pueden llevarlo muy alto, pero debe tratar de dominar las debilidades propias de este número, especialmente si está acentuado, como en este caso.

Su alegría y entusiasmo pueden llegar a la frivolidad y malograr su vida, porque su necesidad de vivir alegremente sin usar su talento en cosas serias y valiosas, y su exagerado optimismo, le impiden vivir en forma real y trascendente. Se convierte así, en una estrella brillante que no deja huella de su paso.

NACIMIENTO 3 + NATALICIO 4, 13, 22 Y 31

Marcadas contradicciones entre una parte extrovertida, optimista, vital y variable, con otra reservada, seria, profunda y estable.

Puede mostrarse a veces brillante y convincente, con gran facilidad de expresión. O bien adusto, silencioso, incomunicado e impenetrable.

Es por naturaleza una persona positiva y optimista que confía en sí misma y en su suerte y que se niega sistemáticamente a pensar en negativo. No obstante, este optimismo puede alejarlo de la realidad y embarcarlo en fantasías irrealizables. Otras veces predomina su seriedad, su sentido de responsabilidad, su sensatez y su lado realista, práctico y pragmático.

Cuando asoma la parte negativa, también oscila entre mostrarse a veces muy abierto e incluso superficial, o demasiado adusto e intransigente.

Posee poderes de sanación.

Nota: Si el natalicio es maestro (22), dominará la parte seria y comprometida con el servicio a los demás.

NACIMIENTO 3 + NATALICIO 5, 14 Y 23

Es extremadamente independiente, libre y audaz. Su inquietud y deseo de cambio lo mantienen siempre en busca de nuevas y excitantes experiencias o aventuras. Quiere vivir intensamente y la idea de una vida carente de emociones sería inadmisible y frustrante para esta persona.

Demuestra alegría, calor humano y simpatía. Necesita sentirse querido y aceptado, y se desenvuelve mejor en compañía.

De mentalidad brillante, original, creativa y constructiva, no tiene problemas para asimilar conocimientos, pero al ser demasiado nervioso e inquieto, no suele ser constante.

Puede desperdiciar su indudable talento si no se centra y persevera, de manera que necesita números estables en otras partes del cuadro numerológico.

Impaciencia extrema, agresividad, desorden y desorganización pueden enturbiar los logros de una mente luminosa y llena de fantasía.

NACIMIENTO 3 + NATALICIO 6, 15 Y 24

Estos números predisponen a todas las actividades artísticas y creativas porque otorgan una sensibilidad especial para captar la estética y la belleza.

Puede sobresalir en cualquier trabajo relacionado con el arte. Desde luego, le sobran habilidades y condiciones, pero a veces puede mostrarse demasiado autocomplaciente o indolente, desperdiciando su indudable talento.

Cálido, emotivo, sensible y vulnerable, es una persona generosa, dulce y complaciente que a menudo no está preparada para afrontar una vida dura y competitiva. Si no se fortalece, si no pone los pies en la tierra y se responsabiliza, corre el riesgo de esconderse en su pequeño círculo familiar por miedo a enfrentarse al mundo.

Aunque los sentimientos y los seres queridos son lo más importante para esta persona, su vena artística y creativa también lo es. Ambas son compatibles, y si logra un justo equilibrio, puede alcanzar gran éxito.

En ocasiones sufre cargas o ataduras familiares. A menudo los sentimientos son su talón de Aquiles. Si tiene un problema emocional, pierde su optimismo su alegría y su equilibrio.

NACIMIENTO 3 + NATALICIO 7, 16 Y 25

Números contradictorios que pueden beneficiar a la persona porque equilibran características opuestas.

Demuestra gran capacidad artística, estética y creativa que le permite apreciar las manifestaciones y los logros de la mente y el espíritu.

Vital, optimista, cordial y comunicativo, necesita poseer un sentido de pertenencia y participar en grupo. Sin embargo, en otros momentos se aísla, se refugia en su interior y no comparte pensamientos ni sentimientos con nadie. Solitario, melancólico, triste y depresivo, atrae problemas de comunicación y de adaptación, porque nada ni nadie puede ser tan perfecto como él lo sueña y desea.

Psíquico e intuitivo, puede ser espiritual y mundano a la vez, comprometido con su entorno o aislado en un mundo aparte con intereses espirituales, mentales y filosóficos que otras personas no entienden. A veces necesita compartir, pero pronto quiere volver a su refugio interior. Oscila entre el calor humano o la frialdad mental y el desapego.

NACIMIENTO 3 + NATALICIO 8, 17 Y 26

Números contradictorios.

Artístico, creativo, cálido y participativo, quiere disfrutar de la vida y no enfrentarse a personas o situaciones difíciles.

Brillante, optimista y polifacético, puede expresar su talento en muchos campos y se identifica con las personas y el medio en que se mueve. Sin embargo, junto a esta parte sociable y complaciente coexiste una faceta totalmente opuesta, entonces se nuestra ambicioso, práctico y materialista.

Rígido, exigente, dominante, tajante, duro e inflexible, admira el poder y el éxito. Como tiene grandes ambiciones y deseos de grandeza, luchará por alcanzar sus objetivos.

Cuando se mezclan las dos partes de su personalidad puede usar consciente o inconscientemente su simpatía para manipular a las personas y alcanzar sus fines.

Posee una gran capacidad organizadora, ejecutiva y financiera, huele el dinero y sabe administrarlo.

Demuestra gran magnetismo y poderes de sanación.

NACIMIENTO 3 NATALICIO 9, 18 Y 27

De temperamento vehemente y emocional, generoso y humanitario. Se caracteriza por un gran poder de comunicación: si se lo propone, puede convencer a quien quiera de lo que sea. Es una mente brillante, creativa y llena de recursos, que siempre encuentra solución a los problemas.

Extraordinariamente libre e independiente no acepta que nadie lo domine. A pesar de conectarse muy bien con la gente, en el fondo es una persona solitaria y de pocos amigos.

Aunque tiene muchas aptitudes, predominan tres vertientes vocacionales: la humanitaria, la artística y la intelectual. Si en el resto del cuadro hay números serios, centrados y responsables, puede sobresalir en cualquiera de las tres.

Impulsivo y temperamental, tiene los nervios a flor de piel y puede reaccionar intempestiva o agresivamente.

Si el cuadro numerológico es positivo, revela una personalidad notable, brillante y genial; en caso contrario, se opacan estos pronósticos.

Obligación de servicio ineludible.

DATOS CURIOSOS E INTERESANTES RELACIONADOS CON LAS DISTINTAS VIBRACIONES DE NACIMIENTO

Cósmicamente su obligación es demostrar que con optimismo y una filosofía positiva pueden superarse los obstáculos y pruebas de cada día; y que la fe, la alegría y la fantasía nos comunican y abren todas las puertas. Su reto personal es aprender a centrarse para superar la volubilidad de una personalidad encantadora pero muy maleable.

PLANETA	★	JÚPITER
SIGNO ZODIACAL AFÍN	★	PISCIS, GÉMINIS
PIEDRA	★	TURQUESA, GRANATE, AMATISTA
METAL	★	CINC, ESTAÑO
DÍA	★	JUEVES
FLOR	★	MARGARITA
COLORES	★	AZUL, PÚRPURA, VIOLETA
NÚMEROS AFORTUNADOS	★	3 − 5 − 8

ALGUNAS PERSONALIDADES 3

Ella Fitzgerald • Andréi Sájarov • Gandhi • Salvador Dalí •Victor Hugo • Charles Dickens • María Callas • Arthur Rimbaud • Sara Bernhardt • George Sand • Henry Miller • Giacomo Casanova • Louis Armstrong • Nijinsky • Gary Moore • Carlos Santana • Faye Dunaway • Descartes • Stefan Zweig

Vibración de nacimiento 4

Síntesis de las características positivas y negativas
que otorga el número 4 como vibración de nacimiento
(día + mes + año)

Ante todo es observador, reservado, lógico y racional. La prudencia y el sentido común rigen sus actos y debido a que es sensato conservador y realista, desconfía de todo lo que sea inseguro o arriesgado.

Trabajador incansable, perfeccionista y disciplinado, se exige mucho a sí mismo y a los demás.

Sólido, tenaz y eficiente no le importa sacrificarse para lograr sus objetivos, que son la seguridad y la estabilidad económica. Como le preocupa llegar a la vejez sin recursos, será como la hormiguita que siempre guarda algo para el mañana.

Cauteloso, precavido y tradicionalista, prefiere seguir las prácticas conocidas y le cuesta aceptar cambios.

Claro, directo y conciso, suele carecer de sentido de humor, pero siempre se puede contar con su honestidad, su lealtad y su palabra.

Es un gran defensor de la justicia social, los valores tradicionales, la moral y la respetabilidad.

Si aparece el lado negativo, la perseverancia se convierte en tozudez, el sentido práctico en avaricia y mezquindad, la fuerza de voluntad en dureza e inflexibilidad, y la prudencia en temor paralizante. Árido, aburrido, duro y rutinario, puede llegar a la estrechez mental.

Debe aprender a relajarse y equilibrar su fuerte temperamento, a dejarse llevar y disfrutar de la vida.

Suele ser un Santo Tomás, que necesita «ver para creer».

Si el 4 es maestro, será una persona especial, guiada siempre por una fuerte motivación de servicio.

Posee poderes de sanación.

Profesión

Serio, disciplinado, responsable y trabajador, siempre persevera hasta alcanzar sus objetivos, lo que lo capacita para sobresalir en cualquier profesión.

Su mente clara, analítica y sistemática le permite destacarse como un auténtico cerebro en el planteamiento de campañas políticas, la creación de grandes empresas, para reanimar negocios mal enfocados o en equipos de investigación científica.

Ordenado, minucioso y tranquilo, suele tomarse las cosas con calma y paciencia, de manera que le van bien los trabajos delicados o de precisión.

Su enorme capacidad de trabajo y la responsabilidad con que emprende todo lo que hace lo convierten en un empleado valioso y digno de confianza.

Habilidad especial para la ingeniería, la mecánica, la construcción, la electricidad y, en general, para todo los ramos técnicos o manuales, porque su fuerza está en sus manos, su autocontrol y su minuciosidad.

El sentido de la justicia y la adicción al orden y a la disciplina de este número producen excelentes militares y personas relacionadas con la ley y el orden.

Posee poderes de sanación.

Dinero

Como en todo, las personas con este número de nacimiento son ordenadas, conservadoras y moderadas en el uso y manejo del dinero. Debido a estas cualidades, le dan especial valor y les obsesiona la idea de envejecer sin recursos, de manera que suelen trabajar diligentemente hoy para el mañana. Es poco frecuente encontrar jugadores en este número. Un 4 busca las oportunidades, compra cosas prácticas y necesarias, y solo se arriesga cuando está seguro de ganar.

A estas personas nada les llega regalado y trabajan duramente para alcanzar la estabilidad que otros logran sin tanto esfuerzo, pero que no saben retener.

Amor y relaciones

Tímido, introvertido y reservado, a la persona 4 le cuesta expresar sentimientos. Como en todo, siente mucho pero expresa poco, pero demuestra su cariño con hechos, porque en este aspecto las palabras se le atragantan.

Serio, profundo y constante, es como una roca sólida y estable en la que sus seres queridos se pueden apoyar.

Siempre prudente y desconfiado, suele tantear el terreno antes de manifestarse, porque no quiere exponerse a un rechazo.

La persona 4 es digna de confianza en todo tipo de relaciones. Generalmente es de pocos amigos y no se siente a gusto en los grandes eventos sociales; prefiere la compañía de unas pocas personas que compartan sus mismos intereses.

Es raro que en este número se den los flechazos o los amores locos, pero siempre se puede confiar en su lealtad y la sinceridad de su afecto.

Cómo afecta el natalicio a la persona 4

NACIMIENTO 4 + NATALICIO 1, 10, 19 Y 28

Se caracteriza por el orden y método, la prudencia y economía, así como por la valoración del dinero y de lo que él representa.

Práctico, honesto, sensato, responsable y trabajador, siempre se muestra como una persona seria, profunda y estable. Capaz y ambicioso, tiene grandes aspiraciones y luchará hasta alcanzarlas.

Aunque a veces su necesidad de seguridad y control puede frenarlo, casi siempre logra lo que quiere porque tiene otra parte audaz, segura de sí misma, arriesgada y atrevida para la que no existen los imposibles.

Se puede confiar en él porque siempre intentará cumplir sus compromisos y promesas, aunque debería distenderse y suavizar un poco su carácter, porque suele ser muy rígido y exigente consigo mismo y con los demás.

Puede no tener problemas para expresarse profesionalmente, pero le costará expresar sentimientos.

Posee poderes de sanación.

Nota: Si el nacimiento es maestro (22), se manifestarán motivaciones de servicio y ayuda a las personas que lo necesitan.

NACIMIENTO 4 + NATALICIO 2, 11, 20 Y 29

Las contradicciones que crean estos números pueden ser beneficiosas en cierto aspecto, pero negativas en otro.

Siempre se tratará de una persona seria, tranquila, equilibrada y responsable, muy exigente consigo misma y con los demás. Una persona práctica, ordenada y metódica que puede reprimirse a la hora de actuar y experimentar bloqueos muy difíciles de superar.

Una parte de ella quiere estar segura de los resultados antes de arriesgarse y la otra tampoco le ayuda, ya que es tímida, indecisa e insegura.

Aunque a veces es muy dura, tajante y exigente, en otros momentos se muestra comprensiva, indulgente y tolerante.

Coexiste en la misma persona una mezcla de dulzura y dureza, intolerancia y comprensión, fuerza e inseguridad, y estas contradicciones la bloquean, no le ayudan a mostrarse decidida y audaz y a lograr sus objetivos.

Nota: Si el natalicio es maestro (11- 29), se sentirá siempre motivado para ayudar a las personas que lo necesitan. Si el nacimiento también es maestro, será un ser especial que puede dedicarse a una profesión de servicio o a la sanación.

NACIMIENTO 4 + NATALICIO 3, 12, 21 Y 30

Contradicciones positivas que equilibran los extremos.

Serio, introvertido, metódico, práctico y responsable, es una persona justa, honesta y digna de confianza. A veces evidencia una mezcla de sensatez, sentido común, laboriosidad y autodisciplina con una vena de aparente superficialidad e inconstancia.

Como necesita sentirse seguro y el dinero le da esa seguridad, normalmente tratará de ser cuidadoso en su manejo, pero en otros momentos lo gastará ostentosa y alegremente.

Su lado práctico, positivo y materialista quiere asegurarse tanto antes de actuar que se reprime y bloquea. Su otro lado, positivo y entusiasta, se lanza sin medir las consecuencias.

Según sienta la energía del 4 o del 3, será tozudo, áspero, rígido y exigente, o tolerante, comprensivo, buen amigo, alegre y buena persona.

Nota: Si el nacimiento es maestro (22), se sentirá motivado a colaborar en cualquier proyecto de ayuda a las personas necesitadas.

NACIMIENTO 4 + NATALICIO 4, 13, 22 Y 31

Si no hay otros números más livianos en su cuadro numerológico, difícilmente lo mueven otros intereses que no sean prácticos, tangibles y utilitarios.

El dinero será siempre importante porque le da seguridad y sabe administrarlo, pero no es tacaño ni mezquino. Como en todo, en esto también prima el sentido de la justicia, según el cual debe tenerlo quien se esfuerza y lo merece.

Admira el éxito y respeta a las personas que se destacan por su propio esfuerzo.

Se caracteriza por una extraordinaria fuerza y persistencia para avanzar con lentitud pero seguridad hacia sus objetivos.

Cauto, prudente y desconfiado, solo cree en lo que puede hacer y comprobar por sí mismo. Analiza y sopesa todas las posibilidades antes de actuar, y solo se arriesga cuando está seguro de ganar.

Íntegro y responsable, su fuerza lo respalda, pero puede ser demasiado duro, exigente e intolerante consigo mismo y con los demás.

Puede padecer bloqueos que pueden impedirle demostrar sus capacidades. Tiene dificultad para expresar sentimientos y algunas veces se muestra inaccesible, demasiado serio, taciturno y tozudo.

Posee grandes poderes de sanación y expresión a través de las manos.

Necesita números abiertos que lo ayuden a superar sus bloqueos.

Nota: Si el nacimiento es maestro (22), su deseo de servir lo llevará a colaborar en causas de servicio social y humanitario. Si el natalicio también es maestro (22), no solo puede ser un excelente sanador, sino que tendrá un carisma y un brillo especial que mostrará o no, según el resto de los números que aparezcan en el cuadro numerológico.

NACIMIENTO 4 + NATALICIO 5, 14 Y 23

Números contradictorios.

En su personalidad se mezclan el impulso y la reflexión, la calma y la impaciencia, la persistencia y la inconstancia, o sea, extremos que desorientan y confunden.

Práctico, realista, cauto y sensato, con metas arraigadas en lo terreno y material. Necesita estabilidad y seguridad, y esto está simbolizado por el dinero. Sin embargo, hay momentos en que solo una vida activa y excitante puede satisfacerlo.

Orden, método y disciplina, más una gran capacidad de trabajo, le permitirán no solo alcanzar lo que desea para sí mismo, sino incluso para todo un colectivo social, porque tiene un profundo sentido de la justicia y está dispuesto a luchar por los derechos de los más débiles y desposeídos.

Cuando asoma la parte negativa, puede mostrarse nervioso, inquieto, estresado, impaciente y agresivo, o lento, duro, inflexible e inamovible.

Tendencia a atraer problemas laborales o de convivencia, merecidos o no.

Nota: Si el nacimiento es maestro (22), tiene la vocación y la capacidad para volcar su entusiasmo e iniciativa en obras de bien social.

NACIMIENTO 4 + NATALICIO 6, 15 Y 24

Números contradictorios.

De mentalidad seria, responsable y sensata que no se permite soñar y confía solo en la realidad y en sí mismo.

A veces es lento en sus razonamientos, no por falta de inteligencia sino por ser demasiado minucioso, sistemático y metódico. Razona, medita y desmenuza las ideas antes de atreverse a actuar, pero después avanza sin permitir que nada lo detenga.

La estabilidad económica es muy importante para él por precaución y luchará por estar protegido de cualquier eventualidad.

Ordenado y juicioso, parece duro por su apariencia austera y aunque necesita sentirse amado y protegido, normalmente le cuesta abrirse y expresar sentimientos.

Su parte cálida que le da un gran sentido de responsabilidad familiar, lo hace a veces demasiado celoso y posesivo, y puede agobiar a las personas que quiere o sobreprotegerlas.

Las personas que tienen estos números suelen alternar entre ser obsesos del trabajo y las responsabilidades, o indolentes, vagos y autocomplacientes.

Habilidades artísticas que puede expresar a través de las manos. Posee poderes de sanación.

Sufre posibles cargas familiares.

Nota: Si el nacimiento es maestro (22), su deseo de protección y ayuda sobrepasa su entorno y puede inclinarlo hacia las actividades de servicio social o la sanación.

NACIMIENTO 4 + NATALICIO 7, 16 Y 25

Números contradictorios. Gran bloqueo.

Por una parte detallista, cauteloso y precavido, es una persona fuerte, enérgica y eficiente con una mentalidad realista que no se deja impresionar por fantasías o sueños dudosos. Pero cuando aparece la otra faceta, se muestra idealista y nada práctico.

Extremadamente intuitivo y sensible, suele desconectarse de la realidad, especialmente si esta es sórdida o mezquina. Puede pasar de práctico y utilitario, interesado en los logros materiales, a iluso y visionario, preocupado por las conquistas de la mente y el espíritu.

Aunque se divide entre impulsos contradictorios, sus metas serán siempre de gran profundidad y trascendencia.

Solitario e introvertido, casi nunca encaja en los esquemas sociales de la mayoría, y aunque sufra por este aislamiento, le cuesta mucho abrirse y expresar sentimientos.

Sufre de incomunicación y bloqueos.

Nota: Si el nacimiento es maestro (22), el idealismo se acentúa, un idealismo práctico que lo lleva a las profesiones de servicio social y humanitario.

NACIMIENTO 4 + NATALICIO 8, 17 Y 26

Se destaca por su energía, fuerza de voluntad y gran capacidad de esfuerzo y sacrificio para lograr sus objetivos, que serán siempre importantes y muy ambiciosos.

Honesto, justo y veraz, puede ser criticado por su dureza e intransigencia, pero siempre se reconocerá su integridad.

Perfeccionista y exigente consigo mismo y con los demás, se esfuerza por cumplir con sus compromisos.

Trabajará sin descanso hasta lograr sus objetivos y no aceptará términos medios ni componendas de ningún tipo.

Tiene gran olfato comercial y capacidad financiera. Sabe planificar, organizar y mandar, cualidades que lo ayudarán a lograr sus propósitos, que son, ante todo, sentirse respaldado y seguro. El dinero será siempre importante para él, porque le da estabilidad y lo protege ante cualquier emergencia.

Posibles bloqueos y problemas de comunicación. Como Santo Tomás, solo cree en lo que puede comprobar por sí mismo.

Puede demostrar grandes poderes de sanación, a través de sus manos y con el uso de la medicina alternativa.

Su autocontrol le permite soportar maltratos o injusticias. Sin embargo, pasado un límite, rompe tajantemente con quien sea o con lo que sea.

Nota: Si el nacimiento es maestro (22), y logra estabilidad económica, la usará también para ayudar a quien lo necesite y cumplir así con su misión de servicio.

NACIMIENTO 4 + NATALICIO 9, 18 Y 27

Características muy contradictorias. Por una parte, necesita la seguridad que da el dinero y por otra, su idealismo lo induce a darlo todo por servir.

Tiene un acentuado sentido de la justicia social que lo llevará a luchar por cualquier causa o persona que lo necesite. Puede llegar a extremos por defender principios de igualdad o por los derechos humanos.

Su carácter es muy fuerte, radical y definido. Si no hay números suaves y equilibrados en otras partes del cuadro numerológico, será una persona tajante a la que le costará controlarse en determinados momentos.

Serio, sensato y realista, tendrá momentos de profundo retraimiento y dificultad para comunicarse, y otros momentos en los que se mostrará abierto y cordial.

Aunque sueña con vivir y actuar de manera totalmente libre y desinhibida, es poco probable que se libere lo suficiente para hacerlo, porque en ocasiones puede ser muy reprimido, limitado y hermético.

A veces tiene la cabeza en las nubes y, otras los pies muy asentados en la tierra.

Nota: Si el nacimiento es maestro (22), su motivación de servicio puede llevarlo lejos en el área de servicio social o los derechos humanos.

DATOS CURIOSOS E INTERESANTES RELACIONADOS CON LAS DISTINTAS VIBRACIONES DE NACIMIENTO

Cósmicamente su obligación es demostrar que la responsabilidad, el orden y el trabajo nos permiten alcanzar cualquier objetivo, y defender la justicia y los derechos humanos; en otras palabras, ser pilares de la sociedad. Su reto personal es aprender a ser más abierto, dúctil, comprensivo y menos exigente consigo mismo y con los demás.

PLANETA	★	SATURNO
SIGNO ZODIACAL AFÍN	★	CAPRICORNIO
PIEDRA	★	GRANITO, ZAFIRO
METAL	★	PLOMO, URANIO
DÍA	★	MARTES
FLOR	★	GIRASOL
COLORES	★	VERDE OSCURO, MARRÓN
NÚMEROS AFORTUNADOS	★	4 – 6 – 8

ALGUNAS PERSONALIDADES 4

Luciano Pavarotti • Margaret Thatcher • Marie Curie • Iósiv Stalin • José Zorrilla • Ted Turner • León Trotsky • Sigmund Freud • J. H. Dillinger • Jorge Luis Borges • Wagner • Enrique VIII • Mark Twain • Robespierre • Benito Pérez Galdós • Maurice Ravel • Schopenhauer • Emmanuel Kant

Vibración de nacimiento 5

Síntesis de las características positivas y negaivas que otorga el número 5 como vibración de nacimiento (día + mes + año)

Abierto, espontáneo, carismático y vehemente, es una persona vital, activa y estimulante que tiene siempre los nervios a flor de piel y quiere verlo, conocerlo y experimentarlo todo.

Un 5 se arriesga donde nadie se atreve porque necesita dar salida al volcán de energía que lleva dentro y no soporta la rutina ni la monotonía. Brillante y polifacético, tiene una inventiva genial y capta las cosas al vuelo.

Libre e independiente, no acepta control de ningún tipo.

Dinámico, aventurero y audaz, tiene una mente lúcida, curiosa y progresista que se interesa por todo y reacciona instantáneamente ante cualquier estímulo o provocación.

Extraordinariamente sensitivo y perceptivo, siente las energías ambientales y de las personas que lo rodean.

Su temperamento romántico y magnético le da un gran poder de atracción, pero normalmente no se lo cree, porque (aunque esto no sucede a nivel profesional) suele ser tímido y le cuesta expresar sentimientos.

Extraordinariamente tenso, nervioso e impulsivo, atrae o provoca enfrentamientos porque a veces suele ser agresivo hasta llegar a la violencia. Por esta razón, puede atraer antagonismos, envidias y problemas de convivencia, merecidos o no.

Un 5 realizado es una persona positiva, estimulante y genial. De lo contrario, actúa errática y atolondradamente, y derrama su amargura y frustración en las personas que lo rodean. Como no se involucra de verdad con los demás, suele padecer de soledad. Debe aprender a tranquilizarse y a equilibrarse.

Profesión

Original y creativo, tiene una mentalidad rápida, brillante y curiosa. Todo le interesa, todo lo quiere saber y todo lo quiere experimentar.

Vivaz, inquieto y extremadamente impaciente, cuando quiere algo, lo quiere al momento, de manera que a veces se arriesga donde otros ni lo intentan.

Sobresale en profesiones de riesgo como navegante solitario, geógrafo, explorador, deportista de competición, aviador, cazador o doble en escenas cinematográficas peligrosas.

Si elige la literatura, escribirá historias de aventuras, suspenso o ciencia ficción.

Artísticamente se inclina por la música o el mundo del espectáculo. También puede destacarse como investigador privado, agente secreto o líder político.

De hecho puede sobresalir en cualquier campo, siempre que este ofrezca variedad, riesgo y aventura; nunca en trabajos rutinarios por muy rentables que sean, ya que necesita actividad y libertad de acción.

Dinero

Generalmente el dinero no constituye la razón de la vida de estas personas. Aprecian y disfrutan las comodidades que este proporciona, pero no es la más importante de sus prioridades. Pueden pasar de la abundancia a la pobreza, o jugarse todo lo que poseen en una operación atrevida. Nada los alterará si conservan su libertad de acción y su vida es interesante y aventurera.

Por otra parte, ganar dinero no es problema para un 5 porque tiene todos los requisitos necesarios para hacerlo, pero suele ser generoso y descuidado con lo que tiene y es capaz de arriesgarlo todo por una vida activa e interesante.

Amor y relaciones

La persona 5 suele tener muchos conocidos pero pocos amigos íntimos, porque casi nunca se entrega totalmente.

Su mente inquieta y extremadamente curiosa suele saltar de una cosa a la otra sin profundizar ni involucrarse emocionalmente.

Romántico, idealista y magnético, suele tener una personalidad irresistible, tierna y apasionada que puede ofrecer una vida fascinante a su pareja. Esta debe tener un temperamento similar al suyo. Una persona que pueda adaptarse a su inquietud, sus cambios de humor y el ritmo trepidante de vida que un 5 necesita.

Cómo afecta el natalicio a la persona 5

NACIMIENTO 5 + NATALICIO 1, 10, 19 Y 28

Se destaca por su vitalidad, inteligencia, entusiasmo y rapidez mental. Sus aptitudes e intereses son muy variados y podría sobresalir en cualquier actividad que se propusiera.

Individualista e independiente en grado sumo, no acepta dominio de nada ni de nadie.

Inquieto, curioso y extrovertido (a veces), le interesa todo lo que sea original y fuera de lo común y no concibe una vida reposada o aburrida sino que busca siempre experiencias y emociones nuevas.

Mental, racional y analítico a veces, o extraordinariamente intuitivo y perceptivo.

Como no soporta la rutina y tiene los nervios a flor de piel, si no trata de centrarse comenzará muchas cosas sin terminar ninguna y atraerá vivencias conflictivas.

Como es muy artístico, mental y creativo tiene muchas ideas y proyectos pero debe profundizar en ellos antes de arriesgarse.

Cuando aparece la parte negativa se muestra radical, tajante, impaciente y agresivo, entonces actúa irreflexivamente, no mide sus palabras y su franqueza puede ser lacerante y destructiva.

Existe una tendencia a atraer problemas, a veces merecidos y otras no.

NACIMIENTO 5 + NATALICIO 2, 11, 20 Y 29

Números contradictorios.

Es una persona de mentalidad inquieta y aventurera que odia la rutina y la monotonía. Necesita vivir intensamente todo tipo de experiencias, pero debe centrarse y perseverar hasta lograr resultados, porque la impaciencia es su peor enemigo.

Irritable, nervioso e impulsivo, puede mostrarse muy conflictivo a veces, y en otros momentos solo desea vivir en paz y armonía con todos. Las personas agresivas lo alteran totalmente y está dispuesto a todo para preservar la paz y las buenas relaciones, aunque sea él mismo quien las rompa a veces con sus reacciones temperamentales e intempestivas.

Inspirado, intuitivo y receptivo, capta como nadie las energías ambientales así como el carácter y las motivaciones de las personas que lo rodean.

Es osado y valiente, o tímido, inseguro y vulnerable.

Nota: Si el natalicio es maestro (11 - 29), su motivación de servicio lo llevará a volcarse en obras de beneficencia o ayuda humanitaria con la misma intensidad que pone en todo.

NACIMIENTO 5 + NATALICIO 3, 12, 21 Y 30

Es extremadamente independiente, libre y audaz. Su inquietud y deseos de cambio lo mantienen siempre en busca de nuevas y excitantes experiencias porque, ante todo, quiere vivir intensamente y la idea de una vida carente de emociones sería inadmisible y frustrante para esta persona.

Lleno de alegría, calor humano, chispa y simpatía. Necesita sentirse querido y aceptado y se desenvuelve mejor en compañía.

Mentalidad brillante, original, creativa y constructiva, no tiene problemas para asimilar conocimientos, pero al ser demasiado nervioso e inquieto, no suele ser constante. Al no centrarse ni perseverar, puede desperdiciar su indudable talento.

Necesita números estables en otras partes del cuadro numerológico para asentarse y llevar a término sus proyectos.

Impaciencia extrema, agresividad, desorden y desorganización pueden malograr los logros de una mente luminosa y llena de fantasía.

Goza de aptitudes artísticas que abarcan muchos campos.

NACIMIENTO 5 + NATALICIO 4, 13, 22 Y 31

Números contradictorios.

Se mezclan el impulso y la reflexión, la calma y la impaciencia, la persistencia y la inconstancia. Extremos que desorientan y confunden pero que pueden ayudar en determinados momentos.

Es práctico, realista, cauto y sensato con metas arraigadas en lo terrenal y material. Necesita estabilidad y seguridad y esto está simbolizado por el dinero. Sin embargo, hay momentos en que solo una vida activa y excitante puede satisfacerlo.

Orden, método y disciplina más una gran capacidad de trabajo le permitirán no solo alcanzar lo que desea para sí mismo, sino incluso para todo un colectivo social, porque tiene un profundo sentido de la justicia y está dispuesto a luchar por los derechos de los más débiles y desposeídos.

Cuando asoma la parte negativa puede mostrarse nervioso, inquieto, impaciente y agresivo, o lento, duro, inflexible e inamovible.

Existe una tendencia a atraer problemas laborales o de convivencia; merecidos o no.

Nota: Si el natalicio es maestro (22), luchará con todo lo que tenga por ayudar a los demás y cumplir con su vocación de servicio.

NACIMIENTO 5 + NATALICIO 5, 14 Y 23

Tiene una mentalidad aventurera, dinámica e inquieta en grado sumo, que odia la rutina, la monotonía y la mediocridad.

Es ingenioso, original e imaginativo. Hay tal derroche de energía física y mental, que a veces escapa a su control, y entonces puede mostrarse nervioso, impulsivo, irritable y agresivo. Lo consume la impaciencia y exige resultados inmediatos, lo que lo mantiene en continua tensión.

Estos números son el equivalente a llevar un motor superacelerado pero, para usarlo con éxito, debe tener otros números moderados que le permitan dominar su temperamento, canalizar su energía y contener sus impulsos.

Osado, audaz y atrevido, genera un ambiente tan efervescente que a menudo actúa sin pensar y después tiene que lamentar las consecuencias.

Perspicaz, astuto y perceptivo, capta las energías y reacciona a todos los estímulos.

Aunque parezca increíble, en el fondo es una persona tímida cuando se encuentra en un entorno desconocido.

A menudo atrae problemas de convivencia, merecidos o no.

NACIMIENTO 5 + NATALICIO 6, 15 Y 24

Números contradictorios.

Original, creativo e imaginativo, tiene grandes inquietudes artísticas que puede no desarrollar por pereza, inseguridad o autolimitaciones.

Como tiene reacciones contradictorias a veces se mostrará inquieto, extremadamente impaciente y nervioso, y en otros momentos tranquilo, equilibrado, complaciente y cómodo.

Por una parte necesita una vida activa, trepidante y llena de acontecimientos, y también, por ser amante del hogar y la familia, a menudo necesita paz y reposo.

Puede mostrarse dinámico, fogoso e impetuoso, y a la vez dulce, generoso y amable.

Sus cambios de humor pueden ser desconcertantes, tanto para sí mismo como para los demás, pero será siempre una persona interesante y vital.

Es excesivamente tranquilo e incluso perezoso en ocasiones. En otros momentos es temperamental, nervioso y muy inquieto.

Los sentimientos son su talón de Aquiles y cuando tiene un problema emocional le falla la mente, pues en consecuencia piensa y siente con el corazón.

Puede sufrir de manías, obsesiones o hipocondría.

Puede atraer problemas de convivencia, merecidos o no, o cargas familiares.

NACIMIENTO 5 + NATALICIO 7, 16 Y 25

Grandes contradicciones que crean un comportamiento variable, pero que se ayudan entre sí.

Por una parte, recibe la energía de uno de los números más vivaces, inquietos y cambiantes de la escala numerológica. Ama la vida, la aventura y la libertad de tal manera que las palabras vivir, experimentar y vibrar deberían escribirse con mayúscula para él, pero, como es lógico, esto conlleva una gran carga emocional, impaciencia, impulsividad y agresividad.

Sin embargo, cuando domina la otra parte de su personalidad, se muestra intuitivo, profundo, estudioso y analítico, con gran fuerza y estabilidad mental.

Cauto, reservado e introvertido, puede llegar a ser hermético y atraer serios problemas de comunicación.

Frío, desconfiado, sarcástico y reprimido puede llegar a la depresión y la neurosis, pero siempre será una persona curiosa, intuitiva y perceptiva, en busca de la verdad, la estética y la belleza, porque valora y ama todo lo que es hermoso, delicado y espiritual.

NACIMIENTO 5 + NATALICIO 8, 17 Y 26

Características totalmente opuestas.

Por una parte, es extremadamente inquieto y variable, ávido de cambio y experiencias nuevas. No puede ni quiere asentarse, ni tomarse las cosas con calma.

Le gusta improvisar guiándose por su intuición. Vive el presente, el pasado no le interesa y el futuro supone una incógnita que hay que resolver cuando llegue...

Odia planear o seguir normas establecidas, porque por instinto es un aventurero impaciente y nervioso que se altera con facilidad y actúa agresivamente.

Su otra cara siente y actúa de forma totalmente opuesta. Perseverante, ordenado, moderado y paciente, solo se arriesga cuando tiene todo controlado. Extremadamente ambicioso, esforzado y tenaz, lucha hasta alcanzar sus objetivos.

Obstinado hasta la tozudez, su dureza e intolerancia dificultan la convivencia.

Tiene mucho autocontrol pero si se ve acosado al máximo, estalla violentamente o rompe tajante y definitivamente con lo que sea, o con quien sea.

El resto del cuadro nos dirá si la persona puede autocontrolarse o no.

NACIMIENTO 5 + NATALICIO 9, 18 Y 27

Es una personalidad extremadamente versátil, inquieta, intensa y vital.

Impulsivo, fogoso y entusiasta, ve la vida como una aventura apasionante o reto al que hay que responder. Se involucra totalmente en todas las experiencias que protagoniza.

Intuitivo y perceptivo, capta las energías de su entorno y tiene grandes cualidades psíquicas.

Extremadamente libre e independiente, no acepta trabas, dominio ni coacción y se rebelará ante cualquier tipo de manipulación, maltrato o arbitrariedad.

Paladín de la justicia e idealista defensor de los derechos humanos, su generosidad y necesidad de servicio condicionarán su vida.

Valiente y honesto con sus principios, no le asusta tomar posiciones radicales, por comprometidas que sean.

Por su mentalidad lúcida y brillante, no se le escapa ningún detalle.

Suele tener los nervios a flor de piel y reaccionar agresivamente o mostrarse mordaz, altanero y conflictivo, lo que puede atraerle problemas de convivencia.

Su palabra mordaz, incisiva y cruel a veces puede ser muy dolorosa pero no lo hace deliberadamente y generalmente lamenta sus exabruptos.

DATOS CURIOSOS E INTERESANTES RELACIONADOS CON LAS DISTINTAS VIBRACIONES DE NACIMIENTO

Cósmicamente su obligación es usar su entusiasmo y vitalidad para demostrar que la vida es un reto interesante si se vive audaz y plenamente, y que en este juego no hay apuestas demasiado altas, sino jugadores mediocres. Su reto personal es controlar su fogoso temperamento y aprender a vivir en paz consigo mismo y con los demás.

PLANETA	★	MERCURIO, URANO
SIGNO ZODIACAL AFÍN	★	GÉMINIS, ACUARIO
PIEDRA	★	JASPE, AGUAMARINA
METAL	★	MERCURIO, AZOGUE
DÍA	★	MIÉRCOLES
FLOR	★	AMAPOLA
COLORES	★	NARANJA, AMARILLO Y VARIANTES
NÚMEROS AFORTUNADOS	★	5 – 7 – 2

ALGUNAS PERSONALIDADES 5

Mario Vargas Llosa • Ian Fleming • Marlon Brando • Cézanne • Mick Jagger • Charles Darwin • Julio César • Benjamin Franklin • Vincent Van Gogh • Abraham Lincoln • Lope de Vega • Lord Nelson • Mendelssohn • Rubén Darío • Mao Tsé-tung • Chopin • William Faulkner • Adolfo Hitler • F.D. Roosevelt • Isaac Newton • Simón Bolívar • Helen Keller • Tina Turner • Thomas Jefferson

Vibración de nacimiento 6

Síntesis de las características positivas y negativas que
otorga el número 6 como vibración de nacimiento
(día + mes + año)

Lo caracterizan la bondad, dulzura, generosidad y calor humano. Tiene mucho amor para dar, pero también necesita sentirse amado y apreciado.

Humano y tolerante, normalmente no juzga y está dispuesto a perdonar, especialmente si se trata de las personas que quiere.

Equilibrado, tranquilo y estable, suele vivir para y por sus seres queridos. Su carácter tierno, dulce y reposado crea un ambiente de paz y armonía que lo hace entrañable a los demás.

Sentido común, lógica y responsabilidad en una mente equilibrada y sensata lo convierten en un excelente consejero.

Su serenidad y equilibrio son muy apreciados en momentos de crisis, y está siempre dispuesto a luchar por las personas que no pueden defenderse o que necesitan ayuda.

Posee un gran talento artístico que abarca muchos campos.

Su afán de protección puede llevarlo a mostrarse absorbente hasta asfixiar a sus seres queridos. Celoso, susceptible y suspicaz, se obsesiona y ve problemas donde no los hay.

Puede ser hipocondríaco y paranoico, imagina cualquier dolor o molestia como algo serio.

Plácido, cómodo y autocomplaciente, a menudo no se esfuerza, desperdiciando su indudable talento. Comienza cosas con entusiasmo, pero pierde el impulso en el camino.

En este número suelen darse tres tipos distintos de persona: 1. El obseso del trabajo, 2. los vagos que se miman y tratan de pasar por la vida lo más placenteramente posible, y 3. los que mezclan ambas tendencias y son imprevisibles.

Nota: Si el 6 es maestro (33), se trata de una persona excepcionalmente generosa y volcada en el servicio humanitario.

Profesión

Las personas nacidas con este número tienen dos vertientes profesionales prioritarias. La primera está relacionada con su gran generosidad y temperamento humanitario, de manera que están mejor dotados que otras personas para trabajar en cualquier proyecto de educación, bienestar social y mejoramiento de las condiciones de vida de las personas más necesitadas, en espacios tales como asilos, hospitales, orfanatos, hospicios y cualquier tipo de organización humanitaria.

La otra opción que mueve profundamente a las personas 6 es el arte. Su vocación artística abarca casi todos los campos: estética y belleza, decoración y diseño, música (canto e instrumentos), pintura y escultura, cine y teatro, diseño gráfico, informática, etcétera.

Deberán, eso sí, dominar la inseguridad, la indolencia o la pereza que muchas veces les impide demostrar su valía.

Dinero

Estas personas necesitan la seguridad que da el dinero, no para sí mismos, sino porque el bienestar y felicidad de sus seres queridos es en todo momento lo más importante para ellos.

Cauto y prudente, sabe administrar lo que gana, y si se extralimita será para agradar o hacer feliz a sus seres queridos.

Cómodo y autocomplaciente, pero a la vez trabajador y responsable, el problema no es ganar el dinero sino mantener una continuidad entre sus esfuerzos para lograrlo y su conservación.

Como este número da una gran creatividad y capacidad artística, ganar dinero no será un problema porque se cotiza bien en su profesión, pero los altibajos que a veces tiene en su comportamiento suelen repercutir en su vida económica.

Amor y relaciones

La persona 6 es especialmente sociable y amistosa. Su gran corazón lo hace entrañable a todas las personas que lo conocen, pero los sentimientos son su talón de Aquiles y suele obsesionarse cuando tiene problemas relacionados con sus seres queridos. En esos momentos no piensa con la cabeza sino con el corazón y sus problemas personales pueden interferir en todas sus actividades.

Siempre se toma el amor muy en serio y le gusta demostrarlo con gestos y detalles delicados. Sin embargo, puede ser tan absorbente y posesivo en todo tipo de relaciones personales que suele agobiar a las personas que quiere.

Este número a menudo atrae cargas familiares que pueden condicionar su vida.

Cómo afecta el natalicio a la persona 6

NACIMIENTO 6 + NATALICIO 1, 10, 19 Y 28

Números contradictorios que suelen beneficiar a la persona.

Se caracteriza por ser humanitario, generoso y tolerante, los sentimientos son su fuerza y su debilidad. Tiene mucho amor para dar pero también es esencial para él sentirse querido y arropado.

Reposado, equilibrado y a menudo ingenuo, su dulzura y vulnerabilidad lo exponen al engaño y al maltrato.

El hogar y la familia serán la piedra angular de su vida.

Tiene mucho talento, especialmente artístico, pero su tranquilidad y placidez se convierten a veces en pereza o indolencia, y entonces desperdicia sus innegables cualidades.

Casi siempre los sentimientos son su punto débil y cuando lo dominan, pierde su ecuanimidad y su equilibrio, al punto de la obsesión.

Cuando aparecen las características contrarias, sacude su inercia y se siente lleno de vitalidad, ambición y seguridad en sí mismo. Entonces domina la mente, no los sentimientos, y puede usar sus brillantes y creativas ideas.

Buen organizador, planea con inteligencia, audacia y ambición, de manera que esta persona puede mostrarse genial o débil, exigente o autocomplaciente. A veces totalmente mental y otras sólo emocional.

Nota: Si el nacimiento es maestro (33), su necesidad de servicio no se detiene en su entorno familiar sino que abarca a todo aquel que lo necesite.

NACIMIENTO 6 + NATALICIO 2, 11, 20 Y 29

Extremadamente generoso, noble y altruista, es una excelente persona, sin malicia, servicial y con un gran sentido de responsabilidad hacia sus seres queridos, especialmente su familia.

Juicioso, equilibrado y sereno, genera una sensación de paz y reposo a su alrededor, y su hogar suele ser el refugio donde se aísla porque a menudo se siente inseguro y vulnerable.

Aunque es una persona seria y responsable que suele tener aptitudes artísticas y creativas, generalmente no está preparado para enfrentarse a la lucha, desafíos y competencia de la vida moderna. Puede ser por bloqueos que le impiden dar salida a su potencial o por simple pereza, indolencia o inseguridad.

Su inocencia, credulidad y falta de picardía lo exponen al maltrato y al atropello.

Excesiva vulnerabilidad y apego a las personas que ama. Los problemas emocionales lo ofuscan y anulan. Posibles cargas que limitan y agobian.

Nota: Si el nacimiento es maestro (33) y el natalicio también (11 - 29), su necesidad de servicio humanitario será tan intensa que puede llevarlo a involucrarse totalmente en ayuda y servicio a las personas que lo necesitan.

NACIMIENTO 6 + NATALICIO 3, 12, 21 Y 30

Estos números predisponen a todas las actividades artísticas y creativas porque otorgan una sensibilidad especial para captar el arte, la belleza y la estética, lo que le confiere la habilidad para reproducirlo con exactitud.

Puede sobresalir en cualquier actividad porque le sobran habilidades y condiciones, pero a veces se muestra demasiado indolente, autocomplaciente o superficial, desperdiciando así su indudable talento.

Cálido, emotivo, sensible y vulnerable, es una persona generosa, dulce y complaciente que a menudo no está preparada para afrontar una vida dura y competitiva.

Si no se fortalece, si no asienta los pies en la tierra y se responsabiliza, corre el riesgo de esconderse en su pequeño círculo familiar por miedo de enfrentarse al mundo.

Aunque los sentimientos y los seres queridos son lo más importante para él, su vena artística y creativa también lo es, y ambas son compatibles. De manera que si logra un justo equilibrio, puede alcanzar gran éxito en la vida.

Nota: Si el nacimiento es maestro (33), su necesidad de servicio humanitario será importante y puede inclinarlo hacia los trabajos sociales.

NACIMIENTO 6 + NATALICIO 4, 13, 22 Y 31

Números contradictorios.

Cálido, generoso, con un gran sentido de responsabilidad familiar y con mucho amor para dar, debe evitar agobiar o sobreproteger, porque tiende a ser celoso y posesivo con las personas que quiere. A menudo los sentimientos lo dominan y en esos momentos pierde todo equilibrio y ecuanimidad, hasta la obsesión.

Cuando asoma la otra parte de su personalidad, parece duro por su apariencia seria y austera y, aunque necesita sentirse amado y protegido, no sabe distenderse y le cuesta expresar sentimientos.

Ordenado, juicioso y metódico, medita y desmenuza las ideas antes de atreverse, pero después avanza sin permitir que nada lo detenga.

Con estos números la estabilidad económica es muy importante y siempre luchará por estar protegido en caso de que surja alguna emergencia.

Es lento en sus razonamientos, no por falta de inteligencia sino por ser demasiado minucioso, sistemático y metódico. Suele alternar entre la obsesión por el trabajo y las responsabilidades, o ser indolente y autocomplaciente.

Nota: Si el nacimiento es maestro (33) y el natalicio también (22), sus motivaciones de servicio son tan intensas que no podrá ni deberá ignorarlas.

NACIMIENTO 6 + NATALICIO 5, 14 Y 23

Números contradictorios.

Es original, creativo, imaginativo y artístico. A veces se muestra tranquilo, equilibrado, sereno y autocomplaciente y en otros momentos es extremadamente inquieto, activo, impaciente y nervioso.

Por una parte, necesita una vida interesante, activa y llena de acontecimientos, una vida trepidante. Sin embargo, puede mostrarse también tradicional y amante del hogar y la familia, centrándose en su mundo familiar. Se mostrará alternativamente como una persona dulce, generosa, amable y encantadora y a la vez dinámica, fogosa e impetuosa, nerviosa y agresiva.

Sus cambios de humor pueden ser desconcertantes, pero será siempre una persona interesante, cálida y vital.

Tiene aptitudes artísticas que puede no desarrollar por pereza, autolimitaciones o inseguridad. Los sentimientos serán siempre su talón de Aquiles.

Padece de manías, obsesiones, hipocondría. A lo largo de su vida puede atraer problemas de distinto tipo, merecidos o no, o cargas familiares.

Nota: Si el nacimiento es maestro (33), se une a su generosidad natural un intenso deseo de servicio.

NACIMIENTO 6 + NATALICIO 6, 15 Y 24

Demuestra integridad, equilibrio, generosidad, bondad y espíritu de servicio muy acentuados.

Conservador y tradicionalista, tranquilo e incluso en ocasiones indolente, huye de los problemas y los enfrentamientos.

Espíritu de sacrificio, devoción, comprensión y compasión humana, su corazón rebosa de amor y lo más importante para él será siempre la felicidad de sus seres queridos.

Tiene gran talento artístico. Podría sobresalir en cualquier actividad, pero por ser un sibarita y a veces autoindulgente, para sacarle partido a su indudable talento tendría que vencer la inercia que lo lleva a seguir el camino más fácil.

Noble, altruista y humanitario, siempre encontrará alguien que lo necesite y se entregará con tanta dedicación que sus propias necesidades y problemas ocuparán un segundo lugar.

Excesiva vulnerabilidad que lo expone a sentirse herido. Cualquier problema emocional le ofusca y pierde su objetividad, porque entonces piensa y siente con el corazón.

Necesita números abiertos. Estos lo ayudarán para mostrar al mundo su increíble generosidad y sus grandes aptitudes artísticas. Posibles cargas familiares.

Nota: Si el nacimiento es maestro (33), su natural generosidad y bondad están doblemente acentuadas, lo cual lo lleva a sobresalir en cualquier profesión de servicio. Será un ser excepcional que se destacará en su medio ambiente.

NACIMIENTO 6 + NATALICIO 7, 16 Y 25

Números contradictorios que en ocasiones pueden atraer vivencias muy difíciles a la persona.

Por una parte es una persona cariñosa, servicial y hogareña, cuya principal motivación será la protección y la entrega a sus seres queridos.

Se caracteriza por su integridad moral, auténtica bondad y necesidad de rodearse de armonía, belleza y amor. Sociable, amable y comunicativo, las emociones son su talón de Aquiles porque cualquier problema relacionado con sus seres queridos le obsesiona y lo desequilibra. En esos momentos no piensa con la cabeza sino con el corazón.

Comprensivo y humano, siempre dispuesto a ayudar, es excesivamente vulnerable y por eso se expone a ser maltratado.

Pero cuando aparece la otra parte de su personalidad, es extremadamente serio, solitario, introvertido y depresivo. Domina la mente y toma decisiones fría y racionalmente, sin que intervengan los sentimientos. Soledad, obsesiones y bloqueos que pueden llegar a ser graves o que pueden poner en peligro su estabilidad mental o emocional.

Grandes aptitudes artísticas que puede desperdiciar por su idealismo o indolencia.

Necesita números abiertos, independientes, optimistas y sobre todo estables, porque si el resto del cuadro es muy cerrado, las obsesiones y depresiones que pueden ser graves.

Nota: Si el nacimiento es maestro (33), gran capacidad para obrar como médium, e incluso, a veces, para lograr una disociación de la realidad. Motivación de servicio.

NACIMIENTO 6 + NATALICIO 8, 17 Y 26

Fuertes contradicciones que lo harán oscilar entre el deseo de realizarse a través del amor o de los logros materiales.

Su parte emotiva, dulce y generosa le da gran importancia a los afectos, la familia y las tradiciones y está dispuesto a sacrificarlo todo en su defensa.

Normalmente sereno y estable, pierde su ecuanimidad y equilibrio cuando hay sentimientos de por medio, y puede llegar a obsesionarse.

Aunque esta parte de su personalidad sigue la línea de menor resistencia y por pereza o indolencia desperdicia la notable capacidad artística que posee, su otra parte enérgica, eficiente y emprendedora tiene una enorme fuerza de voluntad y capacidad de trabajo y luchará sin descanso por alcanzar sus objetivos.

Muy ambicioso y preocupado por la estabilidad económica, es prudente y cauteloso antes de arriesgarse. Suele tener olfato comercial y en ocasiones se aferra demasiado al dinero.

Puede mostrarse dúctil y maleable como duro, inflexible e intransigente. A veces perdona y aguanta más de lo que debe o rompe total y tajantemente con quien sea o lo que sea.

Nota: Si el nacimiento es maestro (33), aunque le importa el dinero, no escatimará si se trata de ayudar a los más desamparados.

NACIMIENTO 6 + NATALICIO 9, 18 Y 27

Tendencias contradictorias pero no agobiantes, en las cuales lo más destacable es que simbolizan el amor en todas sus expresiones: el amor filial, que quiere fortalecer los lazos familiares y lucha por la unión y felicidad de los suyos, y el amor universal que no conoce barreras y se entrega a todos los seres humanos sin distinción de ningún tipo.

Es generoso, noble y cálido, irradia comprensión y humanidad, y suele crear un ambiente relajado y de hospitalidad a su alrededor.

Su extraordinaria capacidad artística y creativa, además del altruismo y el calor humano, le facilitan una carrera dentro del mundo artístico o de servicio. Así como también cualquier actividad intelectual, esotérica o espiritual, porque tiene una intuición y un intelecto muy desarrollados.

Se mostrará a veces muy perfeccionista y exigente consigo mismo y con los demás, y otras veces indolente y autoindulgente. Puede dejar pasar ofensas y agravios o responder con agresividad o destemplanza.

Los sentimientos son su debilidad y suele obsesionarse. Puede sufrir de cargas que pueden condicionar su vida.

Nota: Si el nacimiento es maestro (33), su bondad y deseo de servicio marcarán su vida.

DATOS CURIOSOS E INTERESANTES RELACIONADOS CON LAS DISTINTAS VIBRACIONES DE NACIMIENTO

Cósmicamente su obligación es resaltar la importancia del amor y los lazos familiares, y que las bases de una vida equilibrada y feliz están en la generosidad y el respeto a los valores éticos y morales. Su reto personal es aprender a no desistir de sus propósitos, a ser más activo y luchador, y a equilibrar las emociones y los sentimientos.

PLANETA	★	VENUS
SIGNO ZODIACAL AFÍN	★	TAURO, LIBRA
PIEDRA	★	ESMERALDA, ÁGATA, ÓPALO
METAL	★	COBRE
DÍA	★	VIERNES
FLOR	★	MAGNOLIA
COLORES	★	VERDE, TURQUESA, AZUL CELESTE
NÚMEROS AFORTUNADOS	★	6 - 8 - 3

ALGUNAS PERSONALIDADES 6

Charles de Gaulle • Alejandro Dumas • Galileo Galilei • Montaigne •
Amado Nervo • Lenin • Thomas A. Edison • Giuseppe Verdi •
Francisco De Goya • Juana de Arco • Stevie Wonder •
María Antonieta • Papa Pablo VI • Honoré de Balzac •
Michael Jackson • Meryl Streep

Vibración de nacimiento 7

Síntesis de las características positivas y negativas que
otorga el número 7 como vibración de nacimiento
(día + mes + año)

Intuitivo, receptivo e inspirado, a menudo tiene grandes poderes psíquicos y una intuición que le permite anticipar los hechos o las motivaciones ajenas.

Eminentemente mental, analítico y estudioso, profundiza y desmenuza los acontecimientos hasta llegar al fondo y por tanto a la esencia, ya que no acepta nada que no haya verificado por sí mismo.

Estudioso y curioso hasta la exageración, siempre va en busca del conocimiento, la verdad y la belleza.

Individualista, reservado e introvertido hasta el hermetismo, especialmente en lo que se refiere a su vida privada, a menudo se aísla en su mundo interior y no comunica nada, por lo que este es el número más incomprendido de todos. No tiene problemas para expresarse profesionalmente, pero sí a nivel personal.

Es un espíritu delicado, sensible y estético que desea rodearse de belleza y armonía.

A menudo solitario por elección y necesidad, ya que le cuesta adaptarse a la realidad y a las exigencias de la vida moderna ya que es un alma vieja, llena de sabiduría que a menudo no encaja en los esquemas del mundo actual.

Crítico, cáustico, frío e insensible, nada lo conmueve y su lengua acerada puede hacer mucho daño cuando aparece la parte negativa.

Cuando se ve obligado a vivir en un entorno sórdido o vulgar escapa como puede: por medio de la lectura o el ensueño. En casos extremos, este número lleva a cualquier tipo de adicción: al alcohol, las drogas, el sexo, el juego, e incluso al suicidio.

Como busca la perfección en todo, se exige mucho a sí mismo y a menudo se impone metas irrealizables, lo que puede acarrearle frustración o complejos paralizantes.

Mental ante todo, a veces no da paso a los sentimientos y puede terminar como una persona amargada, aislada y sola, o sufrir problemas emocionales.

Profesión

Su sentido de la estética y la belleza le permiten sobresalir en cualquier profesión relacionada con el diseño, la decoración y el arte en cualquiera de sus manifestaciones.

Su inteligencia y capacidad de análisis, su profundidad e interés por llegar al fondo de todas las cosas, le permiten descubrir, crear, perfeccionar e innovar en muchos campos, especialmente en el científico, en la investigación o la invención. Excelentes asesores legales o laborales. Su consejo es muy apreciado porque no solo se apoya en su inteligencia y sentido común, sino además en sus amplios conocimientos.

Suele tener una amplísima cultura y facilidad de expresión por escrito, de manera que tendría éxito en cualquier trabajo relacionado con la palabra.

Como le atrae la arqueología, el mar y la naturaleza, tiene un amplio campo de acción entre estas opciones.

Su gran sensibilidad, su intuición y su percepción le permiten sobresalir como psiquiatra, psicólogo o consejero estudiantil.

Si no puede viajar, que es su gran pasión, disfrutará como promotor de viajes o guía turístico.

Dinero

Para un 7 refinado y de gustos exquisitos, el dinero es un medio que le permite vivir bien, pero no constituye la razón de su vida porque no busca riqueza ni notoriedad de ningún tipo, y prefiere ocupar su tiempo meditando, perfeccionando su espíritu y enriqueciendo su mente.

Como carece de sentido práctico, se desempeña mejor en la organización y dirección de empresas, dejando la parte económica para otros, tanto en los negocios como en su vida privada.

Cuando tiene dinero disfruta de él, viviendo cómodamente y rodeándose de cosas finas y hermosas, y sobre todo viajando, que es su gran pasión.

Amor y relaciones

Romántico y soñador, siente con gran intensidad, pero le es difícil relacionarse socialmente o encontrar el amor.

Sensible y emotivo, pero extraordinariamente introvertido y reservado, no tiene problemas para expresarse a nivel profesional, pero sí para comunicar sentimientos.

Excesivamente celoso de su vida privada, suele mantener a los demás a distancia, lo que a veces le crea fama de engreído y antipático, cuando lo único que está haciendo es defender su intimidad. Sin embargo, debe tener presente que la soledad y el aislamiento son a menudo el precio que debe pagar por ello.

Tierno, delicado y amoroso sin grandes ostentaciones, necesita sentirse amado pero no agobiado.

Como a menudo este número da tendencias depresivas, la soledad es muy mal llevada y la angustia que le producen los altibajos sentimentales puede ocasionarle problemas nerviosos o emocionales.

Cómo afecta el natalicio a la persona 7

NACIMIENTO 7 + NATALICIO 1, 10, 19 Y 28

Serio, profundo y reservado, puede mostrarse impasible e imperturbable, porque casi siempre predomina la mente sobre las emociones.

De inteligencia brillante y rapidez mental, tiene gran capacidad de análisis y raciocinio. Posee facilidad de aprendizaje y su mente está siempre llena de ideas originales.

Individualista e independiente en grado sumo, solo acepta órdenes de las personas que respeta por su relevante personalidad o talento.

Tiene capacidad de liderar y planificar a cualquier nivel, y norme curiosidad intelectual que lo razona, lo cuestiona y lo analiza todo.

Su espiritualidad e intuición están tan desarrolladas que su mente tan racional y pragmática a veces no escucha.

En ocasiones se muestra solitario e introvertido y no encaja en los esquemas sociales; en otras, domina la extroversión y la confianza en sí mismo, que le ayudan a salir del cascarón, de manera que estas contradicciones no son negativas.

Cuando lo domina la parte negativa se muestra frío, egoísta y egocéntrico, mordaz, sarcástico e incisivo.

NACIMIENTO 7 + NATALICIO 2, 11, 20 Y 29

De carácter serio, reposado y sereno, con un gran sentido del decoro y la dignidad. Aprecia la estética, la belleza, lo fino y delicado, y sufre profundamente si se ve obligado vivir en un ambiente sórdido o mezquino.

Posee una percepción, profundidad e idealismo que pueden alejarlo de la realidad.

Analítico y profundo, con grandes inquietudes mentales y espirituales, busca la sabiduría en general, y en especial su propio autoconocimiento.

Por un lado, es dulce y emotivo, tierno y comprensivo en ciertos momentos, y en otros, extremadamente racional, frío y calculador, porque estos son números muy contradictorios.

Se caracteriza por una generosidad que a menudo lo lleva a una profesión de servicio, porque estamos ante un alma vieja, consciente de la obligación que ha contraído como consecuencia de su larga trayectoria evolutiva.

La parte negativa lo hace solitario y depresivo. A menudo no encaja en los esquemas sociales de la mayoría y puede tener problemas de comunicación. Sufre de miedos, complejos o inseguridad ante situaciones de riesgo o personas muy autoritarias.

Nota: Si el natalicio es maestro (11-29), la obligación de servicio es doblemente importante.

NACIMIENTO 7 + NATALICIO 3, 12, 21 Y 30

Números contradictorios que pueden beneficiar, porque equilibran características opuestas.

Solitario y melancólico, a veces triste y depresivo, puede atraer problemas de comunicación y adaptación, porque nada ni nadie puede ser tan perfecto como él lo sueña y desea.

Goza de gran capacidad artística, estética y creativa que le permite apreciar las manifestaciones y los logros de la mente y el espíritu.

A veces es vital, optimista, cordial y comunicativo. Sociable y simpático, necesita pertenecer y participar, y en otros momentos se aísla, se refugia en su interior y no comparte pensamientos ni sentimientos con nadie.

Psíquico e intuitivo, puede ser espiritual y mundano a la vez, comprometido con su entorno o aislado en un mundo aparte. Casi siempre tiene intereses espirituales, mentales y filosóficos que otras personas no entienden. Necesita compartir, pero pronto quiere volver a su refugio interior.

Demuestra calor humano, o frialdad mental y desapego.

NACIMIENTO 7 + NATALICIO 4, 13, 22 Y 31

Números contradictorios.

Extremadamente intuitivo y sensible, puede desconectarse de la realidad, especialmente si esta es sórdida o mezquina.

Solitario e introvertido, casi nunca encaja en los esquemas sociales de la mayoría y aunque sufra por este aislamiento, le cuesta mucho abrirse y expresar sentimientos.

Por una parte es detallista, cauteloso y precavido, y puede mostrarse como una persona enérgica, fuerte, trabajadora y eficiente con una mentalidad realista que no se deja impresionar con fantasías o sueños dudosos, pero la otra parte de su personalidad es idealista y nada práctica. Puede pasar de interesarse en los logros materiales a ser iluso y visionario, preocupado solo con las conquistas de la mente y el espíritu.

Dividido entre impulsos tan contradictorios, sus metas serán siempre de gran trascendencia y profundidad.

Experimentará incomunicación, bloqueos, o depresiones.

Nota: Si el natalicio es maestro (22), podría dedicarse a las ciencias ocultas o a una profesión de servicio humanitario porque sentirá muy fuertemente la necesidad de ser útil y ayudar a las personas que pasan un mal momento.

NACIMIENTO 7 + NATALICIO 5, 14 Y 23

Grandes contradicciones que producen un comportamiento variable, pero que se ayudan entre sí.

Es intuitivo, profundo, estudioso y analítico, con una gran fuerza mental. Cauto, reservado e introvertido, llega a ser hermético y puede tener problemas de comunicación.

Por otra parte, recibe la energía de uno de los números más vivaces, inquietos y cambiantes de toda la escala numerológica. Ama la vida, la aventura y la libertad de tal manera que las palabras vivir, experimentar y vibrar deberían escribirse con mayúsculas para él. Pero, como es lógico, esto conlleva una gran carga de nervios, agresividad e impaciencia.

A veces frío, desconfiado, sarcástico y reprimido, puede llegar a la depresión y a la neurosis, pero será siempre una persona curiosa y perceptiva que va en busca de la verdad, la belleza, la espiritualidad y el autoconocimiento.

Puede atraer problemas de cualquier tipo, merecidos o no.

NACIMIENTO 7 + NATALICIO 6, 15 Y 24

Números contradictorios que pueden atraer problemas emocionales.

Se caracteriza por ser serio, solitario, introvertido y depresivo. Espiritual, intuitivo y perceptivo, a veces domina la mente y puede tomar decisiones fría y racionalmente, guiado solo por su inteligencia y capacidad de análisis, sin permitir que intervengan los sentimientos. Su otra parte es totalmente opuesta.

Cariñoso, servicial y hogareño, su principal motivación será el amor y la entrega a los suyos.

Demuestra integridad moral, auténtica bondad y la necesidad de rodearse de armonía, belleza y amor. Sociable, amable y comunicativo, las emociones son su talón de Aquiles y cualquier problema relacionado con sus seres queridos le obsesiona y desequilibra.

Tiene grandes aptitudes artísticas que puede desperdiciar por indolencia.

La soledad y los bloqueos pueden llegar a ser un problema muy serio.

Necesita números abiertos y optimistas, de lo contrario, es susceptible de padecer obsesiones y depresiones que pueden ser peligrosas.

NACIMIENTO 7 + NATALICIO 7, 16 Y 25

Estos números propician las actividades mentales y psíquicas porque estas personas siempre darán más importancia a los logros espirituales que a los materiales.

Es una mente brillante y profunda que busca la verdad, la libertad y el conocimiento interior, pero que a menudo se agobia porque cavila y medita demasiado.

Lo caracterizan su refinamiento y una delicadeza innata, el amor a la cultura, la investigación y la belleza en todas sus expresiones.

Serio, austero y profundo, a veces parece totalmente disociado de la realidad y lo material, y será casi siempre una persona solitaria aún en compañía, propensa a la melancolía y la depresión.

Idealista, soñador e iluso, a menudo no encaja en los esquemas sociales de la mayoría porque sueña o vive en un mundo irreal, de manera que cuando su entorno o su vida son mediocres, sórdidos o mezquinos, intenta evadirse incluso por medios destructivos o peligrosos (alcohol, sexo, drogas, etcétera).

Su muestra frío, analítico y racional, y a menudo predomina la mente sobre los sentimientos.

NACIMIENTO 7 + NATALICIO 8, 17 Y 26

Números contradictorios.

Demuestra una mentalidad brillante y creativa que facilita las profesiones científicas o intelectuales. Racional, frío y analítico, puede tomar decisiones prescindiendo de los sentimientos.

Su gran curiosidad lo lleva a interesarse en todos los temas relacionados con la mente y el conocimiento interior.

Es profundo e introspectivo con una mezcla de espiritualidad y misticismo que a menudo lo aleja de la realidad. Por otra parte es racional, enérgico, combativo y práctico. Esta parte tiene los pies muy asentados en la tierra, es muy ambiciosa y no cesa hasta alcanzar sus objetivos. Para esta parte, el dinero y las posesiones materiales son importantes porque le preocupa una posible vejez desvalida.

Solitario e introvertido, engaña por su apariencia fría y austera. A menudo padece de problemas de comunicación y bloqueos que le impiden mostrar su sensibilidad.

Excesiva vulnerabilidad y a la vez dureza e intransigencia.

Espíritu y materia entremezclados, algo desconcertante para sí mismo y para los demás. Una parte sólo cree en lo real, material y tangible y la otra intuye y «sabe», gracias a su gran intuición.

NACIMIENTO 7 + NATALICIO 9, 18 Y 27

Números de alto contenido psíquico y espiritual.

Es estudioso, profundo y brillante, con un espíritu muy evolucionado y preocupado primordialmente por su perfeccionamiento interior y el servicio a sus semejantes.

Se caracteriza por ser delicado, sensible y amante de todo lo bello, a menudo poeta y visionario, con una insaciable curiosidad por desentrañar todos los misterios.

De carácter serio e introvertido, tiene una gran facilidad para comunicar e impactar social o profesionalmente, pero a nivel personal es muy solitario porque nunca se entrega totalmente y es muy celoso de su intimidad.

Idealista y soñador, a menudo tiene la cabeza en las nubes y se niega a pensar y actuar de manera práctica y realista.

Puede destacarse por sus facultades paranormales, su inteligencia y su profundidad.

Extremadamente individualista y amante de su libertad, no tolerará dominio de ningún tipo. Viajero impenitente: los viajes le sirven para enriquecerse mental y espiritualmente.

Posee las condiciones especiales para dedicarse a cualquier trabajo relacionado con la educación, la metafísica o la espiritualidad.

DATOS CURIOSOS E INTERESANTES RELACIONADOS CON LAS DISTINTAS VIBRACIONES DE NACIMIENTO

Cósmicamente su obligación es aportar al mundo su concepción espiritual y filosófica de la vida, ya que al trasmitir su propia sabiduría nos permite comprender el papel que desempeñamos en el esquema universal. Su reto personal es aprender a comunicar sus pensamientos y sus emociones, y a compartir para evitar el aislamiento y la soledad.

PLANETA	★	LUNA, NEPTUNO
SIGNO ZODIACAL AFÍN	★	PISCIS, VIRGO
PIEDRA	★	AMATISTA
METAL	★	CINC, ESTAÑO
DÍA	★	DOMINGO, LUNES
FLOR	★	ORQUÍDEA
COLORES	★	AZUL PLATA, COLORES PASTEL
NÚMEROS AFORTUNADOS	★	7 – 1 – 5

ALGUNAS PERSONALIDADES 7

Sofía, Reina de España • Baudelaire • Joan Baez •
Beethoven • Marilyn Monroe • Chopin • Eric Clapton •
J.F. Kennedy • Pierre Curie • Winston Churchill • Sai Baba •
Paul Gauguin • James Dean • Tchaikovski • Greta Garbo •
Luis Buñuel • Louis Pasteur • La Fontaine • Friedrich Nietzsche •
Fedor Dostoievski • Franz Liszt • Diana de Gales

Vibración de nacimiento 8

Síntesis de las características positivas y negativas que
otorga el número 8 como vibración de nacimiento
(día + mes + año)

Este es el número más fuerte de todos, tanto que a veces modifica los pronósticos del cuadro numerológico.

Extremista, intenso y vital, es el número de los luchadores que no le tienen miedo a nada y se atreven donde otros ni lo sueñan. Posee un extraordinario poder de recuperación: puede caer pero siempre renace como el ave fénix.

Un 8 puede nacer en la pobreza máxima pero nunca morirá allí porque no conoce los términos medios. Para él todo es sí o no, todo o nada, blanco o negro, ahora o nunca, de manera que a veces le cuesta ser objetivo y ecuánime, pero siempre se puede confiar en su honradez e integridad. Sincero y realista, solo se compromete cuando sabe que puede cumplir, y va de frente por la vida. Siempre da la cara, pero exige lo mismo de los demás.

Su disciplina, concentración y gran capacidad de trabajo, esfuerzo y sacrificio, pueden llevarlo a lo más alto, que es donde siempre quiere estar. Como a la vez este número da olfato comercial y audacia (si el resto del cuadro numerológico es el adecuado), a menudo llega donde se lo propone.

El dinero es importante para él porque es precavido y le preocupa una vejez desvalida pero, como tiene un enorme sentido de la justicia, cree que cada cual debe tener lo que se merece y no suele ser tacaño en la abundancia.

Recio, fuerte e inflexible, es a menudo un líder, porque es difícil sustraerse a su carisma y magnetismo. Este número da la personalidad más atractiva y fascinante de todas y, sea hombre o mujer, es muy difícil resistirse a su encanto. Dirige con mano firme y no acepta interferencias. A un 8 se lo quiere o se lo odia, pero casi nunca deja indiferente a nadie.

Normalmente tiene mucho autocontrol, pero no hay furia comparable a la de un 8 hostigado al máximo. En esos momentos su cólera es incontrolable y puede romper tajantemente con quien sea y con lo que sea.

Cuando es excesivamente ambicioso y egoísta, puede hacer uso y abuso de su poder.

Intolerante, tozudo e intransigente, su frialdad y falta de escrúpulos pueden convertirlo en una persona cruel, rencorosa y dictatorial. Cuando no hay números equilibrados y tolerantes en el resto del cuadro numerológico, no conoce la clemencia y la gente se distancia de él. Auténtico Santo Tomás, solo cree en lo que puede comprobar por sí mismo.

Profesión

La fuerza de voluntad, la capacidad de trabajo y la enorme ambición que da este número, hacen que la persona se destaque y sea capaz de alcanzar cualquier meta que se proponga, aunque por inclinación y habilidad brillará más como ejecutivo, en las altas finanzas, en la política, los negocios, las leyes y las fuerzas armadas por su personalidad férrea y espartana, porque visualiza y planea a lo grande, y porque se entrega con total dedicación y disciplina a todo lo que hace.

Como este número está vinculado a la tierra y a todo lo que se relaciona con ella, otorga una habilidad especial para trabajar con sus productos y en su entorno.

Los poderes de sanación son muy frecuentes en este número y su vinculación con la tierra le permite usar con éxito los cristales, las esencias florales, la arcilla, el agua y las yerbas. Todo esto, unido al magnetismo que emana de sus manos, le ayuda a sobresalir en el campo de la sanación.

Este número da una capacidad de concentración extraordinaria y cuando surge una idea, un proyecto o un sueño, el 8 tiene la capacidad de abstraerse totalmente y nada puede desviarlo de su objetivo.

Puede también sobresalir en cualquier deporte en el que se necesite paciencia, concentración y esfuerzo.

Dinero

Este número otorga un talento especial para las finanzas y se suele decir que los 8 no solo huelen el dinero sino que saben apreciarlo como nadie, ganarlo, invertirlo o arriesgarlo. En este número, más que en ningún otro, se dan casos de grandes fortunas logradas por el olfato comercial, el trabajo y el esfuerzo. Sin embargo, existe también el riesgo de que la ambición o la codicia lo lleven a correr riesgos que ponen en peligro lo ganado, porque para él siempre existirá un objetivo más alto y más importante.

Aunque le da gran importancia al dinero, no será nunca tacaño y ayudará a quien lo necesite y lo merezca, porque en todo primará su sentido de la justicia.

Amor y relaciones

Pocas personas tienen el magnetismo y el atractivo de una persona 8, y es muy difícil que los demás no se sientan irresistiblemente atraídos hacia ellos.

Es íntegro, leal y dispuesto a darlo todo por amor o amistad. Hay que recordar que un 8 no conoce los términos medios y para él todo es sí o no, todo o nada, ahora o nunca.

Como es intenso, apasionado y extremista en todo lo que le concierne, el principio del "todo o nada" funciona también en el amor, siempre será pasión ardiente o indiferencia de su parte, pero exige sometimiento y entrega total en su pareja.

Aunque a veces parezca frío e indiferente, esto no significa desamor, sino solamente que un 8 no puede diversificar su atención. O es el trabajo y las responsabilidades, o el amor. Un lugar para cada cosa y cada cosa en su lugar.

Cómo afecta el natalicio a la persona 8

NACIMIENTO 8 + NATALICIO 1, 10, 19 Y 28

Su personalidad extremadamente fuerte y gran capacidad de planificación pueden conducirlo a las más altas posiciones de éxito y poder.

Sus cualidades innatas están reforzadas por una gran capacidad de trabajo y una enorme ambición que aspira al máximo en todo.

Notables condiciones de líder. Brillante, carismático y positivo, tiene una gran capacidad creativa, gran inventiva y una mente llena de recursos. Estos números proporcionan todas las condiciones para llegar muy alto, y si no lo logra, será porque en el resto del cuadro numerológico hay números que lo bloquean.

Debe evitar mostrarse demasiado dominante, duro, inflexible, intransigente o egoísta.

Demuestra sangre fría, olfato comercial y claro sentido de los valores.

Para sacarle partido a números tan fuertes y ambiciosos, su cuadro necesita estar reforzado por otros más abiertos, relajados y optimistas.

Nota: Si el nacimiento es maestro (44, algo que sucede muy rara vez), nos encontramos ante los números más fuertes y poderosos que conocemos en numerología, energía que debe ser cuidadosamente controlada para que fluya de forma positiva.

NACIMIENTO 8 + NATALICIO 2, 11, 20 Y 29

Números muy contradictorios.

Sus cambios de humor pueden ser muy desconcertantes, tanto para sí mismo como para los demás. Oscilará entre mostrarse duro, exigente e intolerante y dulce y manso, lo que lo hará parecer débil o apocado, ya que estos son números de extremos.

A veces estará dispuesto a luchar y no transigir cuando están en juego sus metas o ideales y se mostrará tozudo e inamovible, pero también deseará ante todo vivir en paz, evitando enfrentamientos y personas agresivas, en esos momentos se mostrará indulgente y manejable. No le gusta mandar ni tomar la iniciativa, aunque el 8 se caracteriza porque quiere llevar siempre el control de todo y es rígido, severo e inflexible para imponer sus principios.

Tiene gran ambición y capacidad de logros, pero es posible que las dudas, miedos y bloqueos que le aporta el natalicio le impidan sacarle partido a su potencial. Necesita números abiertos, decididos y seguros de sí mismos.

Nota: Si el nacimiento es maestro (44), recibe la energía más poderosa que los números pueden conceder, y si el natalicio también es maestro (11 - 29), será una persona excepcional que ha venido al mundo con una importante misión de servicio, especialmente si los dos son maestros (condición que también se da, aunque en menor grado, si el maestro solo es el natalicio). En cualquiera de los dos casos necesitará el impulso de números abiertos para manifestar su verdadera capacidad.

NACIMIENTO 8 + NATALICIO 3, 12, 21 Y 30

Números que generan un comportamiento contradictorio pero que no perjudican a la persona.

Demuestra grandes ambiciones y deseos de grandeza. Por nacimiento tiene metas muy definidas y luchará por alcanzarlas. Práctico y materialista, admira el poder y el éxito. Como tiene una gran capacidad organizadora, ejecutiva y financiera, puede sobresalir profesionalmente.

Realista y desconfiado, solo cree en lo que puede comprobar por sí mismo.

Persistente, resoluto y con una extraordinaria facilidad para la concentración mental, cuando se marca un objetivo va tras él como "caballo con anteojeras" y no puede dividir su atención, de manera que no permite que nada ni nadie lo distraiga.

Extremadamente serio, tiene dificultad para abrirse y expresar sentimientos.

Cuando aparece la otra cara de su personalidad, si quiere lograr un objetivo, tiene habilidad y labia para encantar y manipular. Simpático, comunicativo, optimista y encantador, se muestra como una persona cálida y participativa que quiere disfrutar de la vida y no enfrentarse a situaciones o personas difíciles.

Expresivo y sociable, puede pasar de ser dúctil, dócil y maleable, a rígido, tajante, inflexible y dominante.

Nota: Si el nacimiento es maestro (44), recibe la energía más poderosa que los números pueden otorgar; si el resto de los números son positivos, llegará hasta donde se proponga.

NACIMIENTO 8 + NATALICIO 4, 13, 22 Y 31

La caracterizan la energía, fuerza de voluntad y una enorme capacidad de esfuerzo y sacrificio que pueden permitirle lograr sus objetivos, los cuales serán siempre importantes y ambiciosos.

Honesto, justo y veraz, puede ser criticado por su dureza e intransigencia, pero siempre se reconocerá su integridad. Perfeccionista consigo mismo y con los demás, siempre se esfuerza por cumplir con sus compromisos y con lo que se espera de él.

Es extremadamente testarudo y tenaz. Trabajará sin descanso hasta lograr lo que se ha propuesto y no aceptará términos medios ni componendas de ningún tipo.

Tiene un gran olfato comercial y habilidad financiera. Sabe planificar, organizar y mandar, cualidades que lo ayudarán a llegar adonde quiera, aunque haya nacido en las condiciones más humildes.

Como necesita sentirse respaldado y seguro, el dinero será siempre importante para él porque le da estabilidad. Es una persona que piensa a largo plazo y la idea de una vejez pobre y desvalida lo motiva a ser cuidadoso en el presente.

Puede sufrir de bloqueos y problemas de comunicación porque intimida con su apariencia severa y austera; tiene dificultades para expresar sus sentimientos.

De grandes poderes de sanación y dominio de las energías.

Necesita números abiertos y desinhibidos en su cuadro numerológico.

Nota: Si el nacimiento es maestro (44), la persona viene al mundo con un potencial y una energía extraordinarias, y si el natalicio también es maestro (22), estas características se refuerzan aún más. En consecuencia, si el resto del cuadro es el adecuado, estamos ante un ser de luz especial.

NACIMIENTO 8 + NATALICIO 5, 14 Y 23

Números contradictorios que en ocasiones pueden perjudicar a la persona.

Por una parte es ordenado, perseverante, discreto, práctico y paciente, solo se arriesga cuando lo tiene todo planeado y bajo control.

Extremadamente ambicioso y esforzado, lucha hasta alcanzar sus objetivos, pero como es obstinado hasta la tozudez, su dureza e intransigencia pueden hacerle difícil la convivencia a nivel personal, social o laboral.

Estoico y aparentemente imperturbable, cuando es acosado al máximo estalla con inusitada violencia o rompe tajante y definitivamente con lo que sea, o con quien sea. Se caracteriza por un gran valor moral. En los momentos difíciles se rehace y vuelve a luchar.

Cuando muestra la otra cara es demasiado impulsivo, inquieto, variable y agresivo. Ávido de cambios y experiencias nuevas, no se centra ni planea antes de actuar. No sigue las normas establecidas, improvisa y vive el presente. Aventurero, impaciente y nervioso, se altera con facilidad o bien puede conservar la calma y el autocontrol del 8.

Demuestra grandes poderes de sanación que puede aplicar a través de las manos o con la ayuda de los cristales, las esencias florales, las hierbas, la arcilla, el agua o cualquier medio natural, porque es un número relacionado con la tierra.

Necesita números abiertos, pero también suaves y tolerantes, porque de lo contrario puede atraer vivencias conflictivas o dolorosas.

Nota: Si el nacimiento es maestro (44), otorga el máximo de energía que los números pueden dar, pero también una obligación de servicio ineludible. Necesitará tener un cuadro muy completo y equilibrado para que emerja el ser de luz que lleva dentro.

NACIMIENTO 8 + NATALICIO 6, 15 Y 24

Fuertes contradicciones que lo harán oscilar entre realizarse a través de los logros materiales o del amor.

Su parte 8, enérgica, eficiente y emprendedora, le otorga una enorme fuerza de voluntad y capacidad de trabajo, lo cual lo hará luchar sin descanso hasta alcanzar sus objetivos.

Muy ambicioso y preocupado por la estabilidad económica, es prudente a la hora de arriesgarse y suele tener olfato comercial.

Su otra parte, emotiva, dulce y generosa, le da gran importancia a los lazos afectivos y a las tradiciones y está dispuesta a sacrificarlo todo por ellos.

Normalmente sereno y estable, pierde la objetividad y el equilibrio cuando hay sentimientos de por medio, y puede llegar a obsesionarse. En esos momentos no piensa con la cabeza, sino con el corazón.

A veces sigue la línea del menor esfuerzo por pereza o indolencia, y puede desperdiciar indudables aptitudes artísticas. Puede mostrarse dúctil y maleable, como inflexible, duro e intransigente.

Nota: Si el nacimiento es maestro (44), recibe tanta energía adicional que le costará mucho entender y aceptar sus momentos de vulnerabilidad.

NACIMIENTO 8 + NATALICIO 7, 16 Y 25

Contradicciones muy acusadas entre una parte materialista, fuerte, emprendedora y ambiciosa y otra profundamente espiritual e idealista.

A veces se muestra racional, enérgico y combativo, con los pies muy bien asentados en la tierra. Eminentemente práctico y ambicioso, planea a lo grande y no descansa hasta lograr sus objetivos. Cree solo en sí mismo y desconfía hasta que puede comprobar lo que le dicen.

Analítico, racional, muy exigente consigo mismo y con los demás, puede mostrarse duro, intransigente e inamovible.

Su otra parte es extremadamente intuitiva, perceptiva y vulnerable. En sus actos predomina la mente y puede actuar con frialdad, prescindiendo de los sentimientos. El natalicio le da una mentalidad brillante y creativa que facilita las profesiones científicas o intelectuales. Profundo e introspectivo, suele desconectarse de la realidad. Posibles problemas de adaptación, soledad e incomunicación. Le cuesta mucho expresar sentimientos.

Presenta bloqueos y tendencias depresivas. Piensa y siente demasiado, y esto puede llevarlo a un callejón sin salida. En esos momentos tratará de evadirse por cualquier medio, incluso peligroso.

Espíritu y materia muy entremezclados, algo desconcertante para sí mismo y para los demás.

Nota: Si el nacimiento es maestro (44), es posible que la fuerza y energía del 8 predomine, pero eso no hará las cosas más fáciles porque estos números bloquean mucho, de manera que necesita otros muy abiertos en el resto del cuadro numerológico.

NACIMIENTO 8 + NATALICIO 8, 17 Y 26

Cualidades y defectos doblemente acentuados.

De carácter recto, decidido y muy veraz. Siempre sabe lo que quiere y no hay nada débil ni ambiguo en su personalidad. Para él todo es blanco o negro, sí o no, todo o nada, ahora o nunca.

Extremadamente ambicioso, planea a lo grande y puede llegar a donde quiera porque tiene la persistencia, la audacia y la capacidad de trabajo que llevan al éxito. Además, tiene la capacidad de rehacerse aunque toque fondo.

Eficiente, decidido y emprendedor, tiene la solidez, la claridad mental y la capacidad de análisis y de organización que caracterizan a los líderes.

El dinero es muy importante porque le da seguridad. Tiene olfato comercial y si se arriesga, será siempre un riesgo calculado.

Suele tener mucho autocontrol pero, cuando es acosado al máximo, puede reaccionar con increíble violencia o romper tajante y definitivamente con lo que sea, o con quien sea.

Peligro de materialismo o ambición excesiva.

Puede demostrar despotismo, intransigencia, bloqueos y exigencias excesivas. De apariencia austera y severa, tiene dificultad para abrirse socialmente y, sobre todo, para expresar sentimientos.

El número 8 otorga grandes poderes de sanación y en este caso se duplican.

Nota: Si el nacimiento es maestro (44), la fuerza, la energía y las capacidades del número simple se duplican al aparecer también en el natalicio. Sin embargo, para que puedan funcionar positivamente y lleven a la persona a las más altas posiciones, el resto del cuadro numerológico debe tener números muy abiertos, audaces y decididos.

NACIMIENTO 8 + NATALICIO 9, 18 Y 27

Números muy poderosos pero contradictorios.

Se destaca por su fuerza, intensidad y vehemencia. Se entrega siempre totalmente a todo lo que emprende o le interesa, porque no sabe ni puede hacer las cosas a medias.

Posee concentración mental y voluntad inquebrantable, que pone siempre al servicio de sus ambiciones.

Enérgico y combativo, eficiente, audaz y emprendedor, tiene la habilidad para liderar y dirigir grandes empresas o grupos de personas.

Paladín de la justicia social, siempre está dispuesto a proteger y a defender a quien lo necesite.

Valiente y honesto, siempre da la cara, pero exige lo mismo de los demás. Severo, extremista y radical, no acepta los términos medios y da siempre lo mejor de sí mismo.

Es vital, activo, vehemente y abierto, su nobleza y generosidad lo llevarán al servicio humanitario, ya que el natalicio representa el amor universal y no podrá resistirse a su llamada.

Su amor por la libertad e independencia marcarán su vida.

A veces ignora la inspiración e intuición, en su afán de apoyarse solo en lo tangible y real.

Nota: Si el nacimiento es maestro (44), la persona recibe un aporte de energía extraordinario, o sea que el empuje, el valor y la obligación de servicio son tan poderosos que la persona no puede ni debe ignorarlos.

DATOS CURIOSOS E INTERESANTES RELACIONADOS CON LAS DISTINTAS VIBRACIONES DE NACIMIENTO

Cósmicamente su obligación es enseñar a dominar el mundo material. Deben demostrar que la tenacidad, el trabajo y la disciplina permiten alcanzar cualquier objetivo y convertir los más ambiciosos sueños en realidad. Su reto personal es aprender a ser más flexibles y tolerantes, y a lograr un equilibrio entre su parte material y espiritual.

PLANETA	★	MARTE, SATURNO
SIGNO ZODIACAL AFÍN	★	ESCORPIÓN, CAPRICORNIO
PIEDRA	★	TOPACIO, RUBÍ, ZAFIRO
METAL	★	HIERRO, PLOMO
DÍA	★	MARTES
FLOR	★	CLAVEL, TULIPÁN
COLORES	★	ROJO, NEGRO
NÚMEROS AFORTUNADOS	★	8 – 1 – 6

ALGUNAS PERSONALIDADES 8

Nelson Mandela • Henry Ford • Neil Armstrong • Rocky Marciano • Bob Marley • Michelangelo • Liz Taylor • Pancho Villa • Picasso • Alexander Graham Bell • Catalina la Grande • Rembrandt • Krishnamurti • Gerald Ford • Papa Juan Pablo II • Aretha Franklin • Richard Gere

Vibración de nacimiento 9

Síntesis de las características positivas y negativas que
otorga el número 9 como vibración de nacimiento
(día + mes + año)

Este número representa el amor universal y las personas que lo llevan son almas viejas que han venido al mundo en una misión de servicio ineludible. Su misión (que sienten muy intensamente) es amar, guiar, enseñar, proteger y ayudar a todos los seres humanos, sin distinción de raza, color o credo.

Generoso, noble y profundamente idealista y espiritual, un 9 no puede permanecer indiferente ante el dolor, la miseria o los problemas ajenos. Siempre se puede contar con ellos en los momentos difíciles.

Tiene la capacidad para encontrar soluciones y resolver problemas, soluciones a veces insólitas que otros no ven.

Mental y emotivo a la vez, si no hay números contradictorios en su cuadro numerológico, es una persona muy completa que puede entender y reaccionar ante cualquier situación con inteligencia y sensibilidad.

Vivaz y extrovertido, atrae con el entusiasmo e intensidad que pone en todo lo que hace. Cada actividad que emprende es un nuevo desafío que lo absorbe por completo hasta que aparece algo nuevo.

Curioso hasta la exageración, tiene auténtica sed de conocimientos, pero a veces no es constante. Comienza cosas que no termina y casi siempre esta inconstancia tiene razones subconscientes, a menudo incomprensibles para todos, incluso para ellos mismos. Lo que sucede es que los 9 son almas muy viejas y muy sabias, y a veces se enfrentan a personas, situaciones o estudios que les son familiares. Sienten que "eso ya lo saben" y pierden interés.

Idealista, honesto y extremadamente sincero, su franqueza puede ser lacerante y dolorosa porque le falta tacto y diplomacia.

Iluso y soñador, a veces tiene problemas para situarse en la realidad y tocar tierra.

Nervioso, temperamental y a veces demasiado intenso, puede atraer problemas de convivencia. Cuando pierde el control tiene actitudes histéricas, magnifica los problemas y su palabra puede ser dura y lacerante.

Crítico, tajante, altanero y soberbio, se encoleriza con facilidad y no acepta ningún tipo de oposición. Exagera los defectos de los demás y se niega a reconocer los propios.

Profesión

Su carácter y personalidad lo inclinan fuertemente hacia las áreas de servicio social y humanitario. Nada lo conmueve tanto como la pobreza, la enfermedad o los problemas ajenos y se entrega con alma y vida a tratar de solucionarlos.

Sin embargo, su inteligencia despierta y brillante, su rapidez mental y su enorme curiosidad le proporcionan todos los requisitos para sobresalir en cualquier profesión, pero de preferencia en la rama de la medicina o la asistencia social.

Estudioso, profundo e intuitivo podría ser también un excelente consejero o guía espiritual porque vive los problemas ajenos y trasmite consuelo y esperanza.

Su intuición y poderes psíquicos pueden llevarlo a las ciencias ocultas, como hipnotizador, astrólogo, médium, numerólogo, etcétera.

Tiene también grandes opciones en el mundo artístico, intelectual y literario. Famosos escritores, poetas y artistas del mundo del espectáculo han nacido con este número. Tiene un amplio campo profesional a la hora de elegir una carrera.

Dinero

El dinero en sí no será nunca una motivación para estas personas porque son frugales, moderadas, sencillas y le dan mucha más importancia a los valores morales y espirituales que al lujo o la ostentación.

Como su campo de acción profesional es muy amplio, ganar dinero no será nunca un problema para ellos. El problema será conservarlo, porque gastan alegremente para ayudar a otros o sorprender a sus seres queridos, hasta el extremo de endeudarse por ellos. Por eso, a menos que reciban ayuda de números más moderados, es poco probable que lleguen a hacer fortuna. Si lo hicieran, disfrutarán ayudando y haciendo felices a los demás.

Amor y relaciones

Romántico, soñador e idealista, suele idealizar las relaciones sentimentales. A menudo vive fuera de la realidad y adorna a las personas con cualidades que no tienen, por lo que suele tener más problemas y decepciones provocados por una mala elección que otras personas.

Aunque parece sociable, abierto y amistoso a primera vista, no suele entregarse nunca enteramente y muy pocas personas llegan a conocerlo totalmente.

Fiel, honesto y leal en todo tipo de relaciones, pero también temperamental y dominante, no solo tratará de imponer su voluntad y su criterio, sino que su entrega a los demás puede interferir en sus relaciones personales.

A esta persona le va muy bien el dicho que dice: "Luz de la calle, oscuridad de su casa".

Su mente brillante y analítica lo hace desconfiar hasta comprender todos los pormenores de un asunto, pero suele ser increíblemente ingenuo en el amor y puede (y suele) equivocarse.

Debido a su carácter fogoso y temperamental, necesita una persona que le proporcione paz y equilibrio, pero que no intente coartar su libertad.

Cómo afecta el natalicio a la persona 9

NACIMIENTO 9 + NATALICIO 1, 10, 19 Y 28

La caracteriza una mentalidad brillante, emancipada y extravagante que valora su libertad e independencia por sobre todas las cosas.

Posee una enorme curiosidad y necesidad de conocimiento que pueden facilitar una carrera científica o intelectual.

Reacciona con presteza y gran generosidad a las necesidades y problemas humanos, de manera que a menudo se siente necesitado. Puede dedicarse con éxito a una profesión de servicio.

Extrovertido, sociable, con un gran carisma para desenvolverse profesional o socialmente, tiene facilidad de palabra y el don de la comunicación, pero a menudo se muestra también duro, inflexible, dictatorial, agresivo y polémico.

Demuestra franqueza excesiva y en ocasiones fuera de lugar, que puede crearle problemas de convivencia.

Abierto, espontáneo y vital, suele ser muy seguro de sí mismo, hábil para resolver problemas y para encontrar soluciones que otros no ven.

Para asentarse y sacarle partido a sus muchas cualidades, necesita números estables en el resto de su cuadro numerológico y aclarar sus prioridades. El 9 le pide dedicar su vida al servicio humanitario y el 1 (en el que a menudo predomina el ego) le da mayor importancia a situarse bien y desempeñar un papel importante en el mundo profesional o social.

NACIMIENTO 9 + NATALICIO 2, 11, 20 Y 29

Contradicciones desconcertantes que provocan impulsos y actitudes que alteran o confunden a la persona que las vive, pero que pueden ser beneficiosas.

Ambos números son generosos y sienten muy fuertemente la necesidad de entregarse al servicio humanitario. Siempre su meta prioritaria será amar, apoyar y defender a quien lo necesite, sin pensar en sí mismos.

Intuitivos y perceptivos, a veces se muestran llenos de vitalidad, entusiasmo y valor, y en otros momentos excesivamente tímidos, inseguros, acomplejados y vacilantes. A veces se muerden la lengua para no herir o antagonizar, y otras veces, su franqueza destemplada y lacerante puede hacer mucho daño, aunque no lo hagan premeditadamente o con maldad. A veces se dejan maltratar y otras, desafía a quien sea.

Puede ser temperamental, agresivo y exaltado, o emotivo, sensible, dulce y vulnerable.

Nota: Si el natalicio es maestro (11 - 29), y el resto de los números del cuadro numerológico es el adecuado, las motivaciones de servicio son muy importantes y se tratará de una persona muy especial y luminosa.

NACIMIENTO 9 + NATALICIO 3, 12, 21 Y 30

De temperamento vehemente y emocional, generoso y humanitario, sociable, comunicativo y encantador. Si se lo propone, puede convencer a quien quiera de lo que sea.

Es una mente brillante, creativa y llena de recursos, que siempre encuentra solución a los problemas.

Extraordinariamente libre e independiente, no acepta dominio de nadie y, sorprendentemente, a pesar de conectarse muy bien con la gente, en el fondo es una persona solitaria y de pocos amigos.

Aunque tiene muchas aptitudes, predominan tres vertientes vocacionales: la humanitaria, la artística y la intelectual.

Impulsivo y temperamental, tiene casi siempre los nervios a flor de piel, y a veces puede reaccionar irreflexiva y agresivamente.

Si en el resto del cuadro numerológico hay números positivos y equilibrados, demuestra una personalidad notable, brillante, genial y encantadora. En caso contrario se opacan estos pronósticos.

Deberían aprovechar sus notables aptitudes artísticas y, sobre todo, no olvidar que las personas con este número de nacimiento tienen una obligación de servicio que no pueden eludir, algo que a veces descuidan cuando se dejan dominar por la inercia y el deseo de disfrutar de la vida que les imprime el número 3.

NACIMIENTO 9 + NATALICIO 4, 13, 22 Y 31

Características muy contradictorias.

Por una parte, necesita la seguridad que da el dinero porque le preocupa llegar a tener una vejez pobre y desvalida, pero por otra parte su generosidad e idealismo lo lleva a darlo todo por ayudar a las personas necesitadas.

Con un acentuado sentido de la justicia social, luchará por cualquier causa o persona que lo necesite, pudiendo llegar a cualquier extremo por defender los principios de igualdad y los derechos humanos.

De carácter muy fuerte, radical y definido. Si no hay números moderados y suaves en otras partes del cuadro numerológico, será una persona tajante, dura y tremendamente tozuda, a la que le costará moderarse a veces.

Serio, sensato y realista, tendrá momentos de retraimiento y dificultad para comunicarse, y otros en que se mostrará abierto y cordial.

Aunque sueña con una vida totalmente libre, es poco probable que se libere lo suficiente para hacerlo, porque a menudo se reprime, se limita y es hermético. Su propio sentido de la responsabilidad lo inhibe a la hora de dejarse llevar.

A veces tiene la cabeza en las nubes, y otras, los pies muy asentados en la tierra.

Nota: Si el natalicio es maestro (22), las motivaciones de servicio marcarán su vida, y puede llegar a convertirse en un paladín de la justicia social y de las personas oprimidas o desamparadas.

NACIMIENTO 9 + NATALICIO 5, 14 Y 23

Personalidad extremadamente versátil, inquieta y vital.

Impulsivo, fogoso y entusiasta, ve la vida como una aventura apasionante, reto al que responde involucrándose totalmente en todas las experiencias que protagoniza.

Extraordinariamente intuitivo y perceptivo, capta las energías de su entorno y tiene grandes cualidades psíquicas.

Al ser libre e independiente, no acepta trabas, dominio ni coacción, y se rebelará, incluso violentamente, ante cualquier tipo de manipulación, abuso o arbitrariedad. Paladín de la justicia e idealista defensor de los derechos humanos, su generosidad y necesidad de servicio condicionarán su vida.

Valiente y honesto con sus principios, no le asusta tomar posiciones comprometidas.

Mentalidad lúcida y brillante, no se le escapa ningún detalle, pero suele atraer problemas de convivencia porque tiene siempre los nervios a flor de piel y reacciona agresivamente, o se muestra mordaz, altanero y temperamental.

Nervioso, tenso e impaciente en grado sumo, cuando quiere algo, lo quiere ya, ahora mismo.

NACIMIENTO 9 + NATALICIO 6, 15 Y 24

Tendencias contradictorias y desconcertantes en algunos aspectos pero muy afines en otros. Sin embargo, estas discrepancias no son agobiantes porque lo más destacable de estos números es que ambos simbolizan el amor en todas sus expresiones: el amor filial, que necesita fortalecer los lazos familiares y lucha por la unión y felicidad de los suyos, y el amor universal, que no conoce barreras y se entrega a todos sin distinciones.

Generoso, noble y cálido, irradia comprensión y humanidad, y suele crear un ambiente relajado y de hospitalidad a su alrededor cuando domina el natalicio, pero, en algunos momentos, actúa errática, destempladamente y con gran agresividad.

Su gran capacidad artística y creativa, altruismo y calor humano, le facilitan cualquier carrera relacionada con el servicio humanitario o con las actividades artísticas, intelectuales o esotéricas, ya que este número de nacimiento otorga una gran espiritualidad y dotes de médium.

Se mostrará a veces muy exigente, temperamental y perfeccionista consigo mismo y con los demás, y otras veces autoindulgente e indolente. Puede dejar pasar ofensas y agravios, o responder con agresividad.

Su gran problema y su punto débil serán las emociones, porque cuando los sentimientos están en juego, no piensa con la cabeza sino con el corazón, y puede mostrarse asfixiante con las personas que quiere.

Se le presentarán posibles cargas familiares que pueden llegar a ser agobiantes, porque a veces la persona no puede ser o hacer lo que quisiera en su vida.

NACIMIENTO 9 + NATALICIO 7, 16 Y 25

Números de alto contenido psíquico y espiritual.

Es un alma vieja y experimentada, lo intuye todo y puede alcanzar notoriedad por sus facultades paranormales, su inteligencia, su profundidad y su sabiduría.

Idealista y soñador, suele tener la cabeza en las nubes y a menudo se niega (o no puede) pensar y actuar de manera práctica y realista.

Estudioso, profundo y brillante, con un espíritu muy evolucionado y preocupado primordialmente por su perfeccionamiento interior y el servicio humanitario.

Delicado, sensible, a menudo poeta y visionario, ama todo lo bello y su enorme curiosidad le exige desentrañar todos los misterios. Por eso, puede llegar a ser una persona muy culta.

De carácter serio e introvertido, tiene facilidad para comunicarse e impactar socialmente, pero casi nunca a nivel personal, porque es muy solitario.

No se entrega, es muy celoso de su intimidad y le cuesta expresar sentimientos. Si unimos a esto que es extremadamente libre e independiente y no acepta dominio de ningún tipo, nos encontramos ante el típico soltero por elección, o la persona que prueba muchas veces antes de encontrar a su pareja ideal.

NACIMIENTO 9 + NATALICIO 8, 17 Y 26

Números muy fuertes y contradictorios.

Con valor, intensidad y vehemencia, se entrega totalmente a todo lo que hace o le interesa, porque no sabe ni puede hacer las cosas a medias. Total concentración mental y voluntad inquebrantable. Va tras sus objetivos sin distracción alguna y no descansa hasta que los ha logrado.

Enérgico y combativo, eficiente, audaz y emprendedor, tiene una habilidad innata para liderar y dirigir grandes empresas o grupos de personas.

Paladín de la justicia social, siempre dispuesto a defender y proteger a quien lo necesite, su nobleza y generosidad lo llevan al servicio humanitario.

Valiente y honesto, siempre da la cara pero espera lo mismo de los demás y no le gusta tratar con personas cobardes o indecisas.

Vital, activo y vehemente, su amor por la libertad y la independencia marcan su vida y sus acciones.

Severo, extremista y radical, no acepta términos medios. En su afán de solo creer en lo tangible y real, puede ignorar la voz de su parte espiritual y darle más importancia al dinero y a las conquistas materiales que a la evolución de su espíritu.

En ocasiones tiene reacciones destempladas, agresivas y temperamentales que pueden atraerle problemas de convivencia.

NACIMIENTO 9 + NATALICIO 9, 18 Y 27

Números de prueba que exigen entrega, sacrificio y una vida dedicada a los demás.

Espíritu altamente evolucionado, idealista, bohemio y extraño. Es un alma vieja, consciente de su obligación cósmica de servicio y amor, cuya meta es convertir al mundo en un lugar más humano y feliz.

Noble, generoso, soñador, utópico y desinhibido, reclama su derecho a vivir a su manera, sin ceñirse a las reglas que condicionan al resto de la sociedad.

Extraordinariamente libre e independiente, siempre parecerá extraño y será catalogado como excéntrico o chiflado porque sus motivaciones y sus parámetros de conducta no encajan en lo que es correcto y normal para los demás.

Notables aptitudes psíquicas que lo ponen en contacto con otros planos, de manera que podría llegar a ser un notable vidente o canalizador.

Extremista, exagerado, temperamental y un poco loco, suele tener un temperamento vivo que estalla a la menor provocación y puede mostrarse cáustico y agresivo, pero nunca pasará desapercibido.

Necesita asentar los pies en la tierra para sacarle partido a su notable inteligencia, a su capacidad artística e intelectual y a su polifacética personalidad.

DATOS CURIOSOS E INTERESANTES RELACIONADOS CON LAS DISTINTAS VIBRACIONES DE NACIMIENTO

Cósmicamente su obligación es enseñar con su ejemplo a aceptar y cumplir con la misión de servicio humanitario que contraen las almas viejas. Su reto personal es equilibrar su fogoso temperamento para no malograr su evolución cósmica y para que sus cualidades morales y espirituales lo guíen en su camino de luz.

PLANETA	★	JÚPITER, URANO
SIGNO ZODIACAL AFÍN	★	ARIES, SAGITARIO
PIEDRA	★	DIAMANTE, TOPACIO
METAL	★	HIERRO
DÍA	★	MARTES
FLOR	★	PENSAMIENTO
COLOR	★	ROJO
NÚMEROS AFORTUNADOS	★	9 - 4 - 7

ALGUNAS PERSONALIDADES 9

Juan Carlos Rey de España • Walt Disney • Juan Ramón Jiménez •
Camilo J. Cela • Virginia Woolf • Papa Juan XXIII •
Toulouse-Lautrec • Teresa de Calcuta • Albert Einstein •
Shirley MacLaine • Lola Flores • Mahatma Gandhi •
Nicolás Copérnico • Elvis Presley • Carl G. Jung • Brigitte Bardot •
Velázquez • Yoko Ono • Al Capone • J. Brahms •
Sor Juana Inés de la Cruz

Números maestros

Poco a poco hemos ido descubriendo algunos secretos de la numerología, una revolucionaria técnica de autoconocimiento.

Nos hemos enterado de que todo cuanto nos concierne está determinado por los números que nos acompañan desde el nacimiento y que estos encierran un valor metafísico y un significado definido. Sabemos que las cualidades, el potencial y el poder que simbolizan son el regalo del alma para hacer la travesía vital, son las herramientas que nos permitirán realizar el trabajo que nos hemos impuesto para esta encarnación.

Poco a poco, a través de este libro hemos echado un vistazo a los nueve números que se usan en numerología y la manera en la que influyen en todos los aspectos de nuestra vida.

Sin embargo, los números que ya conocemos no son los únicos, sino que también usamos los llamados números maestros, a saber 11, 22, 33 y 44 que, como es natural, tienen las características básicas de los números simples (2-4-6-8) pero que además otorgan ciertas cualidades adicionales que los hacen especiales.

Cuando aparece un número maestro en el cuadro numerológico, significa que estamos ante un ser que ha evolucionado a través de muchas experiencias terrenas y que el conocimiento y luz interior que ha adquirido le han hecho comprender que el principal sentido de la vida es su propio perfeccionamiento interior y su dedicación al servicio de sus semejantes.

Inspirados y clarividentes, son auténticos visionarios que caminan por la senda de oro que lleva al conocimiento y la perfección.

Llevar números maestros en cualquier lugar del cuadro numerológico significa que la persona vive enfrentada a severas exigencias personales, que a la vez le otorgan unos privilegios especiales.

* Como seres de luz están obligados a amar, guiar, proteger y enseñar a todos los seres humanos. Deben ser un ejemplo para los que todavía no han alcanzado su grado de evolución.
* La humildad y la obediencia hacia los preceptos cósmicos de amor, servicio y entrega deben guiar su vida. A cambio otorgan maestría en lo que la persona decida hacer, porque cuenta para ello con el enorme bagaje de conocimientos que ha ido adquiriendo a través de sus muchas encarnaciones y que están ahí, en el umbral de su conciencia.
* Conceden protección divina. La protección que nos asiste en los momentos de mayor apremio y que nos salva cuando lo vemos todo perdido.
* Son números de prueba, ya que la persona se enfrentará periódicamente a retos y disyuntivas morales y materiales.

No obstante, la vida de un número maestro es casi siempre una manera solitaria de andar el camino. Como su lucha y sus motivaciones no serán siempre comprendidas, se sentirá aislado muchas veces, pero nunca debe actuar de manera mezquina o indigna, ya que perdería su carisma radiante y la fuerza interior que lo animan.

CAPÍTULO 2

Nombres y apellidos
traducidos a números

Número interior y exterior

En este apartado trataremos de revelar parte de la personalidad con la ayuda de los nombres y apellidos traducidos a números. Se usará el alfabeto numérico con todos los nombres que aparecen en los documentos oficiales (registro civil, acta de bautismo, etcétera). Los certificados deben ser literales, porque si un nombre no aparece en el cuadro numerológico, los resultados no son correctos.

Las vocales corresponden al interior o parte secreta de la personalidad (características muy sentidas pero no visibles). Las consonantes reflejan la personalidad externa (lo que mostramos a los demás).

Alfabeto numérico:

1	2	3	4	5	6	7	8	9
a	b	c	d	e	f	g	h	i
j	k	l	m	n	o	p	q	r
s	t	u	v	w	x	y	z	

Las letras CH, LL, RR no se contabilizan como una sola letra sino que se cuentan ambas separadamente. En el caso de la Ñ, esta tiene un valor de N, y la Y se usará siempre como consonante.

Procedimiento:

Calcular la equivalencia de las vocales sobre los nombres y apellidos, de esta forma se revela el interior.

Por otra parte, ubicar la equivalencia de las consonantes que nos hablarán del exterior.

Esto nos dará una visión detallada de la personalidad. Por lo pronto, explicaremos de forma global lo que aportan las vocales y las consonantes.

Ejemplo:

```
                           vocales

        2           9           1           1
        6   5     1   3  5     5   5      1    9       40 = 4   Interior
     J O S É     M A N U E L  P É R E Z  M A R Í N        +
        1   1     4   5    3   7  9  8    4   9  5      56 = 2   Exterior
        2           3           6           9           ( 6 )  Metas -
                                                               Objetivos

                         consonantes
```

NOMBRES 1-1 (INTERIOR Y EXTERIOR)

Creativo, original e inventivo. Genial y excéntrico, se destaca sobre los demás.

Ama la independencia y la libertad y no acepta imposiciones de nadie. Desde pequeño quiere saber el porqué de las órdenes que recibe. Si son lógicas y racionales las acata, si no lo son, se rebela y se niega a aceptarlas.

Muy ambicioso, desea sobresalir y ser el centro de atención.

De mentalidad brillante, despierta y entusiasta. Líder nato, vehemente, impulsivo y seguro de sí mismo.

Peligro de impetuosidad descontrolada, puede planear a lo grande sin tener una base sólida. A veces desorganizado, oportunista, dominante y autoritario.

Gran facilidad de palabra pero falta de tacto, de manera que su franqueza puede hacer daño.

Ocasionalmente los logros no corresponden a las aspiraciones. De manera desconcertante, en momentos clave puede inhibirse con dudas e inseguridades.

Nombres 1-2 (interior y exterior)

Dinámico, ambicioso, hábil y competente, siente el deseo de destacarse sobre los demás y ser importante. Sin embargo, como estos son números contradictorios, a menudo se sentirá lleno de dudas y temores ante un nuevo reto.

Puede desconcertar presentando a veces una apariencia brillante y segura de sí misma, o tímida, insegura y pasiva, de manera que la aproximación a sus objetivos puede ser entusiasta e impetuosa, o cauta y lenta.

Combinación suave y equilibrada que a menudo transmite una sensación de paz y bondad, pero que otras, le falta fuerza, solidez y perseverancia.

Su meta es disfrutar y ocasionalmente estos números pueden traer suerte a la vida de la persona si el resto del cuadro numerológico (especialmente las firmas) es positivo.

Apariencia suave, dulce y comprensiva que solo aspira a vivir en paz y ayudar a quien lo necesite.

Nombres 1-3 (interior y exterior)

Mentalidad creativa y brillante que genera ideas con gran facilidad. Ambicioso, seguro de sí mismo, entusiasta e impulsivo, pero también asentado y responsable, con metas sólidas e importantes.

Combinación afortunada y beneficiosa. Eficaz, genial y seguro de sí mismo, cuando quiere impresionar puede ser sociable y encantador, pero solo cuando quiere y con quien quiere.

Posiblemente gozará de éxito y popularidad y, como es muy polifacético, tendrá muchas opciones a la hora de elegir carrera. Su principal motivación será dar expresión material a su potencial artístico, creativo e intelectual.

A veces audaz, original e independiente y otras ocasiones práctico, juicioso y esforzado, desea crear una base sólida para su vida y así responsabilizarse de sus seres queridos. Estos números ayudarán si el nacimiento o las firmas son negativos.

Nombres 1-4 (interior y exterior)

Números contradictorios

Inteligente, hábil y creativo, a veces se muestra activo, vital, entusiasta y audaz. Y otras cauto, reflexivo y tenaz.

Vehemente, entusiasta, impaciente y libre, ávido de cambios y nuevas experiencias, o excesivamente precavido, en cuyo caso exige seguridad antes de arriesgarse.

Siendo laborioso, eficiente, ordenado y metódico, a veces es tan práctico y realista que llega a ser pesimista. Cuando una parte suya se atreve a todo y tiene confianza en sí mismo, la otra se apega a la realidad, a las cosas seguras, y no se arriesga.

Hay tantas contradicciones en estos números que puede pasar de la reflexión y la parsimonia, al deseo de vivir intensamente y eludir la rutina.

A veces puede mostrarse inflexible, duro, radical, testarudo y dominante.

Tiene tendencia a atraer problemas de convivencia, merecidos o no.

NOMBRES 1-5 (INTERIOR Y EXTERIOR)

Impetuoso, vibrante, impaciente, activo y dinámico.

Es una mente brillante y creativa, con mucho ingenio a la hora de planificar y encontrar soluciones a los problemas.

Extraordinariamente independiente y autosuficiente, solo lo atan los vínculos afectivos; los sentimientos son su punto débil.

Vehemente, audaz y temerario, a veces le falta equilibrio, estabilidad y moderación.

De gran capacidad mental, tiene una inteligencia positiva, intelectual y a menudo genial.

Hay peligro de desorganización o de explosiones temperamentales, y en ocasiones, caos y confusión interior. Impaciente nervioso e irritable, puede atraer problemas de convivencia, familiares o profesionales.

Existen posibles obligaciones o cargas familiares que lo atan y lo limitan pero que son generosamente aceptadas, porque lo más importante en su vida son los lazos afectivos. Siendo tan inquieto y activo, a veces, de manera desconcertante, lo gobierna la pereza. De la misma manera, aunque a menudo domina la mente, en ocasiones los sentimientos son su debilidad.

Nombres 1-6 (interior y exterior)

De mentalidad libre, independiente e individualista, motivada por una fuerte ambición que a veces entra en conflicto con otras inclinaciones tranquilas, parsimoniosas e incluso indolentes. Posee una parte plácida y autocomplaciente a la que no le interesa sobresalir sino disfrutar de la vida con sus seres queridos.

Inteligente, racional, fríamente mental y a la vez excesivamente vulnerable, emocional y dependiente de los sentimientos.

Si se impone su parte enérgica, positiva y constructiva, si logra hacer uso de sus ideas artísticas, intelectuales y creativas, podrá sobresalir profesionalmente, pero si sigue la línea del menor esfuerzo y no se empeña, desperdiciará sus facultades.

A veces padece de soledad, angustia vital y pesimismo. Peligro de depresiones y obsesiones debido a su introversión y a que los sentimientos suelen ser su talón de Aquiles. Gran capacidad de análisis cuando domina su parte mental. Todo lo escudriña, analiza y sopesa... siempre y cuando el corazón no interfiera.

Nombres 1-7 (interior y exterior)

Motivaciones y reacciones muy diferentes. Por una parte, el deseo de lograr éxitos materiales y una posición destacada. Por otra, preocupación por los problemas humanos y en especial por su propio perfeccionamiento interior.

Sin embargo, estos números, al unir la inteligencia y las tendencias intelectuales de ambos, producen una mentalidad sobresaliente, analítica y brillante.

Racional, frío e imperturbable, cuando persigue un objetivo puede prescindir de los sentimientos.

Lógico, razonable y observador, está especialmente capacitado para ocupar cargos importantes por sus dotes de mando, su inteligencia y su ecuanimidad.

Posee una insaciable curiosidad que lo llevará a explorar todos los temas que interesan a la mente y al espíritu.

Metas muy ambiciosas: querrá solo lo mejor de lo mejor y luchará hasta alcanzarlo. Siempre dominará la mente. A veces, se muestran tendencias depresivas o reacciones bruscas, intolerantes y tajantes.

Nombres 1–8 (interior y exterior)

Números muy distintos y, sin embargo, parecidos en ciertos aspectos.

Tiene una personalidad, muy fuerte ambiciosa, decidida y audaz, con condiciones para convertirse en líder y alcanzar prestigio y éxito material.

De temperamento radical y tajante, especialmente dotado para los negocios, la ciencia o la investigación, porque tiene una mente brillante, alerta, creativa y llena de recursos, además de olfato comercial, valor para arriesgarse en el momento oportuno y tenacidad para trabajar hasta lograr sus objetivos.

Libre e independiente, no acepta dominio de nadie al tomar sus decisiones. Combinación de números que reflejan al auténtico hombre de negocios.

Es muy duro y exigente consigo mismo y con los demás. Tremendamente intenso, su excesiva franqueza puede ser hiriente y dolorosa, pero será siempre honesto y justo.

Generoso y humanitario, se involucrará en los problemas y necesidades ajenas y tratará de solucionarlas. Le preocupa la estabilidad material, pero no es tacaño ni mezquino.

Nombres 1-9 (interior y exterior)

Números muy similares en cuanto al entusiasmo, la inteligencia, la vitalidad y el deseo de libertad.

De mente lúcida, brillante y clara, de gran intelectualidad, originalidad y vehemencia, pero a menudo con motivaciones y objetivos contradictorios. Una parte desea el lucimiento personal y tiene todas las cualidades para realizarse profesionalmente y ocupar lugares destacados en la sociedad, pero, por otra parte, necesita sentirse útil, ayudar y proteger a los menos afortunados. Defensor de la justicia social y de los derechos humanos, solo es feliz cuando se dedica a alguna labor social o humanitaria.

Dolorosamente franco, directo, duro y tajante, aspira a la libertad total de acción, credo y pensamiento.

Es seguro de sí mismo y se atreve a llegar adonde otros no llegan, y casi siempre encuentra solución a los problemas.

Muy mental, pero a la vez intuitivo y psíquico, bohemio y extravagante, no se lo puede atar, dominar ni controlar.

Nombres 2-1 (interior y exterior)

Aunque es una persona hábil, dinámica y competente, con capacidad, ideas y talento para lograr cualquier cosa, a veces se verá frenado por dudas, temores e inseguridades aparentemente incomprensibles. Estas aprensiones y escrúpulos obstaculizan su progreso y el logro de los objetivos de su parte más ambiciosa y ejecutiva, porque cuando aparece su otra cara, le falta empuje y aspira a vivir en paz y armonía. Huye de los problemas, la lucha y los enfrentamientos.

Todo esto produce una personalidad contradictoria y a menudo un comportamiento variable.

Gesta planes e ideas geniales, y posee talento y creatividad, pero a veces carece de sentido práctico y realista, aunque será siempre una persona cálida, noble, bondadosa y generosa. Usará tacto, comprensión y astucia para crear un ambiente de paz y buenas relaciones a su alrededor. Esta es una combinación muy plácida y serena, pero a la vez activa, artística y encantadora.

Obligación de servicio si el 2 es maestro, servicio que podría encauzar a través de su vena artística y creativa.

Nombres 2-2 (interior y exterior)

Motivaciones y actitudes acentuadas tanto en lo positivo como en lo negativo. Comportamiento parejo: se muestra tal cual es.

Se destaca siempre como una buena persona, generosa, dulce y comprensiva, pero a menudo carece de defensas para la lucha diaria y no sabe enfrentarse. Lo acepta todo, lo perdona todo y trata de comprenderlo todo. Como además es una persona ingenua y crédula, suele ser presa fácil de las personas oportunistas e inescrupulosas.

Cauto y sensato en extremo, va lentamente hacia sus objetivos, pero su inseguridad, su timidez y sus temores pueden obstaculizar su progreso.

Introvertido y vulnerable, siente mucho pero expresa poco. Le falta fluidez verbal por los muchos bloqueos que le impiden manifestar su capacidad, su potencial y sentimientos. La seguridad material es muy importante y necesaria.

Extremadamente susceptible, puede ver ofensas donde no las hay.

Si los dos números son maestros, hay una intensa necesidad de servicio que necesita realizar. Si no lo hace, se sentirá frustrado e infeliz. Los números maestros ayudan también a que los bloqueos no sean tan fuertes.

Nombres 2–3 (interior y exterior)

Su naturaleza dulce, comprensiva y amistosa lo lleva a preocuparse por los problemas y necesidades ajenos. Tiene mucho para dar en tolerancia y calor humano, pero en el fondo es un alma libre que prefiere no tener ataduras de ningún tipo. A veces es optimista, jovial y confiado, y otras se presenta tímido e inseguro.

Podría alcanzar notoriedad en actividades artísticas si logra vencer las dudas y complejos que a menudo lo hacen desconfiar de su capacidad.

Buena persona, noble y generoso, puede ser engañado porque suele ser demasiado ingenuo y crédulo.

Normalmente admirado y querido por su dulzura y encanto, a veces se muestra cambiante y caprichoso, o excesivamente nervioso y tenso, sentimientos que lo alteran aunque los demás no lo noten.

A veces impaciente, temperamental y con los nervios a flor de piel, puede atraer vivencias conflictivas, penosas o difíciles, aunque en ocasiones no las merezca.

Si el interior es maestro, se manifiesta una obligación de servicio que, sin embargo, puede descuidar en su búsqueda de actividad y nuevas experiencias.

NOMBRES 2-4 (INTERIOR Y EXTERIOR)

Estos números representan a la persona laboriosa, sensata y juiciosa que se distingue como un trabajador responsable y valioso.

Tranquilo, sereno, serio y equilibrado, la vida familiar es su más importante motivación y en todo momento trata de velar por ella y protegerla.

Práctico, metódico y formal, puede obstaculizar su propio progreso por exceso de cautela o autolimitaciones que bloquean la manifestación de su potencial y frenan su avance y autodeterminación.

Sensato, ordenado y silencioso, a veces se enfrenta a la vida de manera demasiado práctica, seria o pesimista, de manera que el dinero será siempre importante para él, no por avaricia sino por precaución.

Tiene dificultad para expresar sentimientos.

Es dulce, tierno y vulnerable a la vez, sin superficialidad ni vanidad, pero tampoco está el arrojo, entusiasmo y valentía necesarios para alcanzar el éxito. Otros números más audaces podrían ayudarlo.

Si el interior es maestro, necesita apertura para poder expresar su potencial interno y realizar su obligación de servicio.

NOMBRES 2-5 (INTERIOR Y EXTERIOR)

Estos números generan a menudo inquietud y comportamiento contradictorio.

Vital, osado, audaz y lleno de entusiasmo, necesita una vida aventurera y activa y entonces parece atreverse a todo. En otros momentos se muestra tímido, inseguro y demasiado pasivo, reacciones que lo frenan y crean desconcierto interno.

Se destaca por su refinamiento, dulzura, delicadeza y equilibrio. Posee la presencia de un espíritu que valora ante todo el autocontrol y las buenas maneras, pero que también puede mostrarse vehemente y extremadamente impaciente, dejándose llevar por actitudes temperamentales e incluso agresivas.

Cuando el nerviosismo lo domina, no lo exterioriza. Entonces, aunque parece una persona decidida y audaz, sus temores internos lo frenan o anulan.

Espíritu evolucionado, introvertido, profundo, psíquico e intuitivo que siempre buscará respuestas a los misterios de la vida. Existe la posibilidad de problemas de convivencia, merecidos o no, cuando no logra controlar sus nervios o impaciencia.

Si el interior es maestro existe una importante obligación de servicio que debe realizar para encontrar la paz interior.

Nombres 2-6 (interior y exterior)

Números muy similares que acentúan las cualidades morales y espirituales, y sobre todo la necesidad de paz y equilibrio. Generoso, benévolo y altruista, lo dominan el corazón y las emociones de manera que a menudo los sentimientos son su talón de Aquiles.

Extremadamente falto de malicia, cálculo y disimulo, peca de crédulo e ingenuo porque se niega a juzgar y, por el contrario, siempre trata de comprender y perdonar.

A veces gran contradicción. Aunque parezca increíble en una persona que llega a cualquier extremo por no perjudicar ni antagonizar a nadie, puede mostrarse obstinado y tozudo cuando persigue un objetivo. En esos momentos ambiciona grandes cosas y aunque normalmente es noble y conciliador, puede mostrarse duro, inflexible e intransigente.

Presenta bloqueos, indolencia o inseguridad que a veces le impiden mostrar todo su potencial, de manera que los logros pueden no corresponder a las ambiciones.

Si alguno de los números es maestro, hay una obligación de servicio ineludible, y posibles cargas familiares que lo agobian y limitan.

NOMBRES 2-7 (INTERIOR Y EXTERIOR)

Números que se complementan en su deseo de superación espiritual y en su búsqueda del conocimiento, la sabiduría y la perfección.

A menudo demuestra intuición y clarividencia, lo que le facilita los estudios y las prácticas paranormales.

Introvertido, tímido y profundo, casi nunca lo motivan los intereses materiales. El dinero no es la meta de su vida y por el contrario ama la belleza, la cultura y la espiritualidad.

De carácter reservado y solitario, humanitario y generoso. Su desprendimiento y nobleza abarcan a todas las personas, especialmente a los más necesitados, por lo que podría tener éxito en cualquier profesión de servicio social.

Extremadamente perfeccionista y ávido de conocimientos, es muy analítico y exigente consigo mismo. A veces demasiado serio, puede tener dificultad para expresar sentimientos.

Se caracteriza por una necesidad de libertad total y absoluta. Podría sobresalir en la enseñanza, la investigación y el estudio de prácticas esotéricas.

Es un alma vieja y llena de sabiduría que ha venido al mundo a ennoblecer y a mejorar la vida de los demás, especialmente si el 2 es maestro.

Nombres 2-8 (interior y exterior)

Inquietudes y motivaciones contradictorias.

Por una parte, fuerte, luchador, autoritario y autosuficiente. Es muy ambicioso, su principal objetivo son los logros materiales, de manera que el dinero es lo más importante porque le da seguridad. Además, sus facultades mentales, físicas y de carácter le permitirán llegar a la cima, siempre y cuando logre controlar y dominar la otra cara de su personalidad, la cual le aporta inseguridad, dudas e incluso complejos que a veces crean bloqueos y contradicciones difíciles de superar, y que le impiden demostrar su auténtica capacidad.

A veces mesurado, diplomático, comprensivo y maleable, en otras ocasiones es exigente, dominante, tiránico e inflexible, pero siempre, honesto veraz y auténtico.

La ambición de subir cada vez más alto y de desear siempre lo mejor de lo mejor choca con el miedo que algunas veces lo inmoviliza ante los grandes retos.

Si el 2 es maestro, su obligación de servicio puede llevarlo hacia la sanación porque tiene grandes facultades para ello.

Nombres 2-9 (interior y exterior)

Contradicciones que en algunos casos son beneficiosas.

Ambos números hablan de una persona noble y generosa, cuya principal motivación es ayudar a todo aquel que necesite protección y consuelo. Es una combinación que está marcada por el servicio humanitario, especialmente si los números son maestros.

Tiene una mentalidad muy curiosa, racional, analítica y a la vez psíquica, intuitiva y espiritualmente evolucionada. Humano y comprensivo, intenta que su paso por la vida sea provechoso, porque estos números personifican el servicio y el amor universal.

Aunque suele ser una persona dulce, plácida y serena que necesita vivir en paz y armonía, a veces se muestra temperamental, inquieto, nervioso e irritable.

Puede mostrar dudas, timidez, inseguridad y complejos que casi nunca son justificados pero que suelen crearle angustia interna.

A veces demuestra discreción y diplomacia, y otras, franqueza inoportuna y agresiva. Tiene facilidad para enseñar y comunicar.

Generalmente esta es la combinación que define a los maestros que a menudo dedican su vida a la enseñanza, especialmente si el 2 es maestro.

NOMBRES 3-1 (INTERIOR Y EXTERIOR)

Mentalidad creativa, artística y brillante que genera ideas con gran facilidad.

Es ambicioso, seguro de sí mismo, entusiasta e impulsivo, pero también asentado y responsable con metas sólidas e importantes.

Combinación afortunada y beneficiosa. Es una persona eficaz, genial y relevante. Cuando quiere impresionar, puede ser sociable y encantador, pero solo cuando quiere y con quien quiere. En otras ocasiones da la impresión de ser una persona fría, distante e incluso antipática.

Hay posibilidades de éxito y popularidad. Como es muy polifacético, tiene muchas opciones a la hora de elegir carrera. Su principal motivación debería ser dar expresión material a su potencial artístico, creativo e intelectual.

A veces es audaz, original e independiente y otras práctico, juicioso y esforzado, con el fin de tener una base sólida para su familia. Lo logrará si vence una cierta superficialidad que lo acomete a veces, cuando no quiere esforzarse y desea una vida fácil y feliz.

NOMBRES 3-2 (INTERIOR Y EXTERIOR)

Su naturaleza dulce, comprensiva y amistosa lo lleva a preocuparse de los problemas y necesidades ajenas. Tiene mucho para dar en tolerancia y calor humano, pero en el fondo es un alma libre que prefiere no tener ataduras de ningún tipo.

A veces es optimista, jovial y confiado y otras tímido e inseguro.

Podrá alcanzar notoriedad en actividades artísticas o creativas si logra vencer las dudas y complejos que a menudo lo hacen dudar de su capacidad.

Buena persona, noble y generoso, puede ser engañado porque suele ser demasiado ingenuo y crédulo.

Normalmente admirado y querido por su simpatía y encanto, a veces se muestra cambiante y caprichoso, o excesivamente nervioso y tenso, sentimientos que lo alteran aunque los demás no lo noten.

A veces impaciente y temperamental, con los nervios a flor de piel, puede atraer vivencias conflictivas, penosas o difíciles, merecidas o no.

Si el exterior es maestro, ineludible obligación de servicio.

NOMBRES 3-3 (INTERIOR Y EXTERIOR)

Cualidades y defectos acentuados.

Se destacan su nobleza, bondad, encanto y talento. Tiene una mentalidad original, creativa y con grandes aptitudes artísticas.

Inteligente, versátil y polifacético, tiene muchas opciones a la hora de elegir profesión y podrá llegar adonde quiera.

Positivo y optimista, siempre está seguro de que para todo hay solución, aún en los momentos en que los demás se rinden y se dejan dominar por el pesimismo, él no cede.

Sufre a veces de optimismo exagerado o afán de protagonismo desmedido que le impiden actuar con realismo. Su reconocida elocuencia puede transformarse en charlatanería, la versatilidad en superficialidad, la sociabilidad en arribismo, y su carácter jovial en deseo exagerado de divertirse eludiendo las responsabilidades y las obligaciones. No se responsabilizará y puede desperdiciar su indudable talento, su increíble fantasía y su don de comunicación si no hay números tenaces, sólidos y responsables en otras partes del cuadro numerológico.

Cariñoso y emotivo, los sentimientos suelen ser su punto débil pero sus bajones no suelen durar demasiado, porque estos números suelen dar un optimismo a prueba de balas.

NOMBRES 3-4 (INTERIOR Y EXTERIOR)

Números contradictorios cuyas características a veces se ayudan y se complementan.

Posee gran creatividad y capacidad artística y literaria.

Puede ser amable y encantador, pero solo cuando quiere y con quien quiere.

Intuitivo y perceptivo por naturaleza, su lado práctico y racional a menudo bloquea estas aptitudes o hace que no crea en ellas.

Por otro lado, demuestra laboriosidad, firmeza y tenacidad, es una mente ordenada y reflexiva cuyas ambiciones sociales y materiales condicionan sus metas y su comportamiento.

Es serio e introvertido. A menudo estos números inhiben a la hora de expresar sentimientos porque bloquean la exteriorización de las emociones, y si en el resto del cuadro numerológico no hay números abiertos y optimistas, puede sufrir de soledad, aislamiento e incomunicación.

Oscila entre optimismo y negatividad, entre la necesidad de realizarse creativamente o asentarse económicamente, entre creer en lo tangible y material o en su conocimiento intuitivo de lo psíquico y espiritual.

Nombres 3-5 (interior y exterior)

Tiene objetivos ambiciosos, centrados en una posición social y económica desahogada.

Demuestra agilidad mental, optimismo y creatividad. Es activo y extrovertido.

Se caracteriza por su vitalidad y entusiasmo, temeridad y audacia. Necesita probarlo y conocerlo todo (sobre todo vivir intensamente todas las experiencias) y relacionarse con todo tipo de personas.

Es capaz de salvar todos los obstáculos con el impulso y el ardor de su fuerza vital, aunque corre el riesgo de excederse en su entusiasmo y perder noción de la realidad. Puede hacer castillos en el aire y arriesgarse sin tener una base sólida. Extremadamente impaciente lo quiere todo ya, y como puede mostrarse impulsivo, temperamental y agresivo, puede atraer problemas de convivencia.

Sin embargo, como sus metas son muy importantes y ambiciosas, también puede trabajar lenta y tenazmente hasta alcanzarlas, porque esta mezcla de números es muy contradictoria.

Nombres 3-6 (interior y exterior)

Todos los números implicados en esta combinación hablan de talento, aptitudes artísticas y humanitarias.

Sensible, creativo y polifacético, podría sobresalir en cualquier actividad artística, pero existe una tendencia a despreocuparse y rehuir las obligaciones, o una cierta inclinación a la indolencia, la autocomplacencia y la bohemia. Si no hay además números estables y centrados, faltará fuerza, perseverancia y determinación.

Dulce cariñoso y encantador, su personalidad amistosa, sociable y cordial le atrae muchos amigos y admiradores porque sabe disfrutar de la vida y decir la palabra apropiada en el momento justo.

Los sentimientos son su fuerza y su debilidad. Noble, generoso y vulnerable, tiene mucho amor para dar, pero necesita también sentirse amado y protegido, de manera que los problemas emocionales pueden llegar a obsesionarlo.

Acentuado sentido de responsabilidad que abarca a todas las personas con problemas y especialmente a sus seres queridos.

A veces sufre cargas familiares que lo frenan y agobian, porque antepone los sentimientos a todo lo demás.

Nombres 3-7 (interior y exterior)

Números contradictorios pero no incompatibles porque en ciertos aspectos se equilibran.

Por una parte, demuestra simpatía, alegría y optimismo. Vivaz, magnético y creativo, desea destacarse social o profesionalmente.

Es una persona cálida y generosa que le da mucha importancia a los contactos humanos y le gusta rodearse de personas influyentes, originales y positivas. Necesita sentirse aceptado y querido, pero a veces adopta una apariencia fría y distante que aleja a los demás.

Tiene talento artístico y un sentido muy acusado de la estética y la belleza. Muy curioso a nivel intelectual, quiere conocerlo y saberlo todo.

Cuando aparecen los números contradictorios, domina la parte mental. Analítico, racional y coherente, es a la vez intuitivo y magnético. Oscila entre retraimiento y extroversión, entre soledad y comunicación. Su carácter alegre y mundano le presta gran encanto, pero puede opacar sus cualidades psíquicas, aunque le ayuda a superar sus tendencias melancólicas y depresivas.

Nombres 3-8 (interior y exterior)

Números contradictorios que, sin embargo, colaboran al logro de los objetivos.

Es intenso, vital y activo. Por una parte, está lleno de entusiasmo e ideas brillantes que, unidas a su poderosa energía, capacidad de trabajo y tenacidad, le pueden permitir alcanzar sus ambiciones que son de vasto alcance, ya que no se conformará nunca con una posición mediocre.

Tiene talento, creatividad y astucia, cualidades que, unidas a su simpatía, le permitirán manipular fácilmente para lograr sus fines, aunque muchas veces no esté consciente de ello.

Comportamiento contradictorio: demuestra dureza e intransigencia, o indulgencia y pasividad.

Existe peligro de ambición desmedida, oportunismo y falta de escrúpulos, o es muy recto, honesto y justo.

Posee olfato comercial y visión financiera, pero a la vez generosidad, nobleza y un profundo deseo de ser útil y de que su vida tenga un sentido positivo.

Puede sentirse desconcertado ante sus propias reacciones. A veces demuestra intransigencia y dureza, y otras, pasividad, inseguridad, comprensión y dulzura.

NÚMEROS 3-9 (INTERIOR Y EXTERIOR)

Sociable, comunicativo y encantador, suele ser una persona confiada, ingenua e idealista, que a veces puede perder noción de la realidad por su excesivo optimismo y falta de malicia y de realismo.

Polifacético y brillante, tiene grandes aptitudes artísticas y talento que puede canalizar en muchas direcciones. Le gusta llamar la atención y ser el centro de atención, de manera que una carrera artística sería ideal y estimulante.

Tiene gran capacidad para amar. Demuestra generosidad y un espíritu fraternal que siempre está inspirado por impulsos nobles y elevados, pero podría ser mal interpretado a causa de su carácter abierto y optimista, que puede hacerlo parecer voluble o superficial (a veces actúa así).

Estos números atraen la posibilidad de que lo acompañe la suerte de encontrar personas que lo ayuden y que le faciliten las cosas, gracias a su encanto, amabilidad y simpatía.

Si no hay números estables y centrados en lugares importantes, puede mostrar falta de responsabilidad y desperdiciar condiciones y oportunidades.

A veces manifiesta superficialidad y falta de sensatez y realismo.

Nombres 4-1 (interior y exterior)

Números contradictorios.

Inteligente, hábil y creativo. A veces se muestra activo, vital, entusiasta y audaz, y otras, cauto, reflexivo y tenaz. Puede ser vehemente, impaciente y libre, ávido de cambios y nuevas experiencias, o excesivamente precavido, exigiendo seguridad antes de arriesgar, porque al ser laborioso, eficiente ordenado y metódico, se excede en su carácter práctico y realista y llega a ser pesimista.

Cuando una parte se atreve a todo y tiene confianza en sí misma, la otra se apega a la realidad y a las cosas seguras, de manera que no se arriesga.

Hay tantas contradicciones en estos números que puede pasar de la reflexión y la parsimonia, al deseo de vivir intensamente y eludir la rutina.

A veces puede mostrarse inflexible, duro radical y dominante.

Tiene tendencia a atraer problemas de convivencia, merecidos o no.

Si no aparecen números suaves y comprensivos en otras partes del cuadro numerológico, puede ser muy brusco y antagonizar a la gente.

NOMBRES 4-2 (INTERIOR Y EXTERIOR)

Estos números representan a la persona laboriosa, sensata y juiciosa que se distingue como un trabajador responsable y valioso.

Tranquilo, sereno, serio y equilibrado, la vida familiar es su más importante motivación y en todo momento trata de velar por ella y protegerla.

Práctico, metódico y formal, puede obstaculizar su propio progreso por exceso de cautela o por limitaciones que lo bloquean y le impiden manifestar su potencial, frenando su avance y autodeterminación.

Sensato, ordenado y silencioso, a veces se enfrenta a la vida de manera demasiado seria y pesimista, de manera que el dinero será siempre importante, no por avaricia sino por precaución.

Dulce, tierno y vulnerable a la vez, no es superficial ni vanidoso, pero tampoco tiene el arrojo y la valentía que conducen al éxito. Otros números más audaces podrían ayudarlo.

Presenta dificultad para expresar sentimientos y tiene algunos bloqueos. Los sentimientos son su talón de Aquiles y ofuscan su claridad mental.

Motivaciones de servicio social y humanitario si el exterior es maestro.

NOMBRES 4-3 (INTERIOR Y EXTERIOR)

Números contradictorios cuyas características a veces se ayudan y complementan.

Por una parte, demuestra laboriosidad, firmeza y tenacidad, y es una mente ordenada y reflexiva, cuyas ambiciones sociales y materiales condicionan sus metas y su comportamiento.

Intuitivo y perceptivo por naturaleza, su lado práctico y racional a menudo bloquea estas aptitudes, o hace que no crea en ellas.

Se caracteriza por su creatividad, capacidad artística y literaria, y gran sentido de la estética y la belleza. Tiene un espíritu delicado que huye de todo lo que sea sórdido u ordinario, incluyendo a las personas.

Es serio e introvertido, a menudo estos números inhiben a la hora de expresar sentimientos y, si no aparecen además números abiertos y optimistas, puede sufrir de soledad e incomunicación.

Hay una tendencia a huir de la realidad por cualquier medio (incluso peligroso) cuando esta es sórdida o mezquina.

NOMBRES 4-4 (INTERIOR Y EXTERIOR)

Cualidades y defectos doblemente acentuados.

Enorme fuerza de voluntad y capacidad de trabajo que le ayudan a alcanzar sus ambiciones e ideales.

Trabajador tenaz y esforzado centrado en sus responsabilidades y en cumplir siempre con lo que se espera de él. Práctico y realista, ordenado y metódico, no sueña, y cree y confía solo en sí mismo.

Minucioso y sistemático, desmenuza las ideas y proyectos antes de lanzarse, y solo se arriesga cuando está seguro de ganar.

No hay nada frívolo ni superficial en su personalidad; antes bien, suele ser demasiado serio, estricto y austero, lo que lo aísla de los demás, porque además le cuesta mucho expresar sentimientos.

El dinero será importante para él, no por avaricia sino por precaución, ya que necesita sentirse seguro y protegido.

Demuestra dureza e intransigencia. Hay posibilidad de bloqueos que pueden anularlo, impedir que demuestre su auténtico potencial y que le dificultan expresar sus sentimientos.

Como Santo Tomás, solo cree en lo que puede ver y comprobar por sí mismo.

Posee poderes de sanación.

NOMBRES 4-5 (INTERIOR Y EXTERIOR)

Características contradictorias que pueden confundir no solo a los demás, sino incluso a sí mismo.

Por una parte, una mentalidad seria, responsable, sensata y realista, para la cual la estabilidad económica es muy importante. Lento tranquilo y paciente, nunca pierde el dominio sobre sí mismo y conserva el autocontrol pero, cuando aparece su otra cara, siente y actúa de forma totalmente opuesta.

Es inquieto e impaciente, lo que lo mantiene en tensión constante. Cuando quiere algo, lo quiere ya y salta de un objetivo a otro, a veces sin perseverar en ninguno. Los nervios y sensibilidad a flor de piel lo vuelven temperamental y agresivo.

Puede pecar de exceso de reserva y precauciones, o de una inquietud que lo hace actuar precipitada y atolondradamente.

Por una parte, quiere una vida controlada y segura, algo que odia su faceta temperamental y aventurera, a la cual le horroriza una vida monótona y aburrida. Necesita sentirse útil y tendrá éxito en cualquier profesión de servicio

Habrá posibles problemas de convivencia, merecidos o no.

NOMBRES 4-6 (INTERIOR Y EXTERIOR)

Contradicciones positivas y negativas.

Por una parte, es trabajador, responsable, esforzado y se toma la vida y sus obligaciones muy en serio. Por otra parte, es un auténtico sibarita que puede mostrarse pasivo, indolente y autocomplaciente, aspirando solo a vivir cómodamente y no enfrentarse a ningún problema.

Su parte humana, generosa y comprensiva lo convierte en una persona especial que tiene mucho amor para dar pero que también depende (demasiado) del afecto y apoyo de los demás.

Serio, honesto y justo, siempre se puede contar con él, pero a menudo sus seres queridos son su prioridad, y puede sacrificar su propia comodidad o libertad.

Tiene grandes ambiciones materiales, pero los bloqueos, inseguridad, obsesiones o limitaciones pueden impedirle acceder a su indudable talento artístico, manual y comercial. A menudo se siente dividido entre los sentimientos y las ambiciones materiales y profesionales.

Demuestra gran necesidad de estabilidad económica y de ocupar un lugar respetable en la sociedad.

Hay posibles cargas familiares que lo limitan o agobian.

NOMBRES 4-7 (INTERIOR Y EXTERIOR)

Números muy contradictorios.

Tiene objetivos serios y profundos, fruto de una mentalidad reflexiva, analítica y ordenada. Siempre estará dividido entre el impulso de alcanzar seguridad económica o conocimiento interior.

Una parte tiene los pies muy asentados en la tierra y sueña con una vida cómoda y sin problemas económicos. La otra solo aspira a encontrar equilibrio interior y a vivir en paz y armonía consigo mismo y con los demás.

Responsable, trabajador, ordenado y metódico, a veces es demasiado rígido y austero, y a la vez perfeccionista, fino y delicado. Aspira siempre a lo mejor y no soporta la vulgaridad.

Su mente analítica, observadora y curiosa le facilita las carreras científicas, financieras o literarias, pero estos números lo hacen demasiado reservado. Le cuesta expresar sentimientos, y sus cavilaciones y aislamiento pueden crearle problemas de convivencia o depresiones. Presenta bloqueos y a veces incomunicación.

Necesita números libres, abiertos, entusiastas y desinhibidos.

NOMBRES 4-8 (INTERIOR Y EXTERIOR)

Carácter recio y enérgico que va de frente por la vida y exige lo mismo de los demás. No hay nada ambiguo ni confuso en su personalidad y se puede confiar en él en todos los aspectos.

Tiene grandes ambiciones, pero está dispuesto a trabajar duro para conseguirlas y se concentra totalmente en lo que quiere hasta alcanzarlo.

Estos números dan las condiciones necesarias para llegar a donde quiera, aunque sea partiendo de la nada.

Solidez y claridad mental, huele el dinero y tiene la capacidad para dirigir grandes empresas o grupos de personas.

Demuestra enorme disciplina y autocontrol, pero cuando es acosado al máximo estalla con violencia, o rompe definitiva y tajantemente con lo que sea o con quien sea.

Firme y magnético, parco e impenetrable. Existe peligro de excesiva dureza, materialismo o falta de escrúpulos. Si además tiene números dinámicos y activos podrá alcanzar un lugar importante en el mundo. Si no es así, se encontrará bloqueos que le impiden expresar su potencial, generando amargura y frustración. Muestra falta tacto y diplomacia.

Como Santo Tomas, solo cree en lo que puede comprobar por sí mismo.

Tiene grandes poderes curativos que puede aplicar por medio de sus manos o con la ayuda de la medicina alternativa.

Nombres 4-9 (interior y exterior)

Números contradictorios

Es de carácter fuerte y rígido, con un profundo sentido de la justicia social. Se trata de una persona que está dispuesta a luchar por la libertad y bienestar de los más desfavorecidos.

Números radicales, enérgicos y rebeldes que no aceptan imposición ni maltrato, y a los cuales no les asusta adoptar posiciones, incluso radicales y extremas, para defender sus principios.

Serio, estudioso, sensato y responsable, es también activo y libre, aunque no es en absoluto frívolo o superficial.

Extremista y apasionado, su generosidad y su amor sobrepasan su entorno y benefician a todas las personas que necesitan ayuda.

Necesita seguridad económica, de modo que será ordenado y cuidadoso en el manejo de sus bienes. Tiene memoria de elefante y lo que le interesa y aprende no lo olvida nunca.

Sus procesos mentales son aparentemente lentos porque es metódico, minucioso y analiza todo antes de arriesgarse. Aunque es también idealista e imaginativo, no se permite soñar ni divagar.

Hay peligro de bloqueos o problemas de comunicación. Le cuesta expresar sentimientos, aunque a veces puede ser dolorosamente franco y rudo.

Nombres 5-1 (interior y exterior)

Impetuoso, vibrante, impaciente, activo y dinámico.

Mentalidad brillante y creativa, demuestra mucho ingenio a la hora de planificar y encontrar solución a los problemas.

Extraordinariamente independiente y autosuficiente, solo lo atan los vínculos afectivos y los sentimientos suelen ser su talón de Aquiles.

Vehemente, audaz y temerario, a veces le falta equilibrio, estabilidad y moderación, a menos que aparezcan números estables en otra parte del cuadro numerológico. De gran capacidad mental y creativa, inteligencia positiva, intelectual y a menudo genial. Muy perceptivo, siente las energías ambientales y de las personas.

Hay peligro de desorganización o explosiones temperamentales, en ocasiones, caos y confusión interior.

Impaciente, nervioso e irritable, puede atraer problemas de convivencia, familiares o profesionales.

Existen posibles obligaciones o cargas familiares que lo atan y limitan, pero que son generosa y gustosamente aceptadas, porque los lazos familiares son muy importantes para él.

No soporta ni acepta control, ni ataduras de ningún tipo.

Nombres 5-2 (interior y exterior)

Estos números generan a menudo inquietudes y comportamiento contradictorios.

A veces vital, osado, audaz y lleno de entusiasmo, necesita una vida aventurera y activa. Entonces parece atreverse a todo, pero en otros momentos se muestra tímido, inseguro o demasiado pasivo, reacciones que lo frenan y crean desconcierto interior.

Demuestra refinamiento, dulzura, delicadeza y equilibrio. Tiene la presencia de un espíritu que valora ante todo el autocontrol y las buenas maneras, pero que también puede mostrarse vehemente y extremadamente impaciente, dejándose llevar por actitudes temperamentales e incluso agresivas. Cuando el nerviosismo lo domina y no lo exterioriza, esconde el dolor, y entonces, aunque parece una persona decidida y audaz, sus temores internos lo frenan, lo anulan o pueden generar enfermedades serias.

Espíritu evolucionado, introvertido, profundo, psíquico e intuitivo que buscará respuestas a los misterios de la vida.

Oscila entre dulzura y agresividad, pasividad y nerviosismo, timidez y arrojo.

Si el exterior es maestro, existe una necesidad de servicio que puede generar angustia interna si no cumple con ella.

Nombres 5-3 (interior y exterior)

Se caracteriza por objetivos ambiciosos, centrados en una posición social y económica desahogada.

Posee agilidad mental, optimismo y creatividad. Es activo y extrovertido, vital, entusiasta, temerario y audaz.

Necesita probarlo y conocerlo todo, vivir intensamente todas las experiencias y relacionarse con todo tipo de personas.

Es capaz de salvar todos los obstáculos con el impulso y el ardor de su fuerza vital, pero corre el riesgo de excederse en su entusiasmo y perder noción de la realidad. Puede hacer castillos en el aire y arriesgarse sin tener una base sólida.

Extremadamente impaciente lo quiere todo ya, y como puede mostrarse impulsivo, temperamental y agresivo, puede atraer problemas de convivencia. Sin embargo, como sus metas son muy importantes y ambiciosas, también puede trabajar lenta y tenazmente hasta alcanzarlas. Hay una gran contradicción entre su parte activa, impaciente y audaz, y su otro lado lento, sistemático prudente y realista.

A menudo sus problemas vienen porque se muestra tajante, cortante y agresivo.

NOMBRES 5-4 (INTERIOR Y EXTERIOR)

Grandes contradicciones que pueden confundir no solo a los demás, sino incluso a sí mismo.

Por una parte, demuestra una mentalidad seria, responsable, sensata y realista, para la cual la estabilidad económica es muy importante. Lento, tranquilo y paciente, nunca pierde el dominio sobre sí mismo y conserva el autocontrol, pero cuando aparece su otra cara, siente y actúa de forma totalmente opuesta.

Inquietud e impaciencia que lo mantienen en tensión constante. Cuando quiere algo, lo quiere ya, y salta de un objetivo a otro, sin perseverar en ninguno. Nervios y sensibilidad a flor de piel lo vuelven temperamental y agresivo, atrayendo posibles problemas de convivencia o enfermedades.

Puede pecar de excesiva reserva y precauciones, o de una inquietud que lo vuelve precipitado y atolondrado.

Por una parte, quiere una vida controlada y segura, algo que odia su faceta temperamental, a la cual le horroriza una vida monótona y aburrida.

Muy perceptivo, siente las energías ambientales y de las personas. Posee poderes de sanación.

Es realista y racional a veces, y otras, intuitivo y psíquico.
Si el exterior es maestro, presenta una enorme necesidad de ayudar y de ser útil.

NOMBRES 5-5 (INTERIOR Y EXTERIOR)

Mentalidad aventurera, dinámica y optimista que odia la rutina, la monotonía y la mediocridad. Ingenioso, original e imaginativo, presenta tal derroche de energía física y mental que a veces escapa a su control, y entonces se muestra nervioso, impulsivo, irritable y agresivo. Extremadamente impaciente, exige resultados inmediatos, lo cual lo mantiene en continua tensión.

Estos números equivalen a llevar un motor superacelerado, pero para poder usarlo con éxito debe haber otros números moderados que le permitan dominar su temperamento y canalizar su energía.

Osado, audaz y atrevido, a veces actúa sin pensar y después tiene que lamentar las consecuencias. Perspicaz, astuto y perceptivo, capta las energías ambientales y reacciona instantáneamente ante cualquier estímulo.

Aunque parezca increíble, en el fondo es una persona tímida, muy sensible y vulnerable. A menudo se presentan problemas de convivencia y una gran inquietud interna, de manera que si no hay números equilibrados en el resto del cuadro numerológico, puede atraer problemas de salud originados por los nervios.

Esta persona parece estar a menudo en el ojo del huracán y se ve involucrada en situaciones difíciles, que pueden ser merecidas o no.

NOMBRES 5-6 (INTERIOR Y EXTERIOR)

Impulsos totalmente contradictorios.

A veces es activo, inquieto y luchador, o indolente, negligente y perezoso. Está dividido entre la impaciencia y la placidez, entre llevar una vida cómoda, placentera y sin complicaciones y otra activa, de riesgo, que no deje lugar a la monotonía ni al aburrimiento.

Noble, generoso y buena persona, tiene mucha calidez humana e integridad. La familia es su principal motivación y luchará por crear un hogar estable y feliz.

Es excesivamente vulnerable y obsesivo. Los sentimientos le hacen perder su equilibrio y compostura.

También es tímido e inseguro: a estos números les falta fuerza y solidez.

Cuando se exalta a causa de los nervios y la tensión, puede atraer problemas de convivencia a nivel familiar o profesional; si la tensión no encuentra salida a través de números abiertos, pueden presentarse problemas físicos o enfermedades.

Humano y generoso, siempre está dispuesto a ayudar, porque las necesidades y los problemas ajenos le afectan profundamente.

El amor es muy importante en su vida, amor a su entorno familiar y a todas las personas que necesitan ayuda.

Intuitivo y perceptivo, capta las energías ambientales y de las personas.

NOMBRES 5-7 (INTERIOR Y EXTERIOR)

Números contradictorios. Reacciones imprevisibles.

Por una parte, necesita recogimiento y soledad para encontrarse a sí mismo, estudiar y meditar porque le inquietan los misterios del comportamiento y el alma humana, y a la vez necesita vivir intensa, activa y temerariamente.

A veces prudente, previsor y analítico, suele encerrarse en sí mismo y puede sufrir accesos de melancolía o depresión, pero en otros momentos se muestra nervioso, irritable y agresivo. Extremadamente impaciente e impulsivo, odia la soledad que le es tan necesaria.

Sensible muy intuitivo e inspirado, sus cambios de humor lo privan de la paz interior que necesita. Posibles problemas de convivencia o aislamiento. Si el resto del cuadro numerológico no es abierto, pueden presentarse enfermedades al no encontrar salida la agresividad y tensión que lleva dentro.

Intelectual, brillante e imaginativo, no tiene problemas para expresarse profesionalmente, pero sí para expresar sentimientos.

A veces demuestra alegría, optimismo y ganas de vivir, y otras retraimiento y soledad.

Es psíquico e intuitivo, su curiosidad no tiene límites y podría destacarse en el campo intelectual o esotérico.

NOMBRES 5-8 (INTERIOR Y EXTERIOR)

La mezcla de estos números produce una combinación arrolladoramente fuerte, dinámica, intensa y contradictoria. En ciertos momentos puede actuar temeraria e impulsivamente sin medir las consecuencias de sus actos, y en otras ocasiones se controla y muestra una férrea voluntad, solidez y concentración.

Trabajador incansable, ambicioso, persistente y organizado, no hay meta que no pueda alcanzar y siempre aspira a lo mejor de lo mejor. Puede nacer en condiciones de suma pobreza, pero nunca morirá en las mismas circunstancias.

Es temperamental, inquieto e impaciente, de manera que al unirse ambos números generan un carácter fortísimo, que tanto puede reaccionar de forma brusca, atolondrada y agresiva, como paciente y autocontrolada en apariencia, para luego estallar con furia incontenible cuando ha sido provocado al máximo. En esos momentos puede llegar a tomar decisiones tajantes y definitivas, rompiendo con lo que sea o con quien sea.

Polifacético, original e imaginativo, odia la rutina y la mediocridad. A menudo tiene problemas de convivencia.

Como Santo Tomás, solo cree en lo que puede ver y comprobar por sí mismo.

NOMBRES 5-9 (INTERIOR Y EXTERIOR)

De temperamento libre e independiente al máximo, que no acepta dominio de nadie y que necesita vivir a tope todas las experiencias. Será siempre un alma rebelde y bohemia que tiene su propio código de conducta y rechaza las normas que rigen a la sociedad. Demuestra vitalidad, imaginación y curiosidad sin límites que pueden llevarlo por muchos caminos. Se entrega apasionada y totalmente a todo lo que emprende, y podría llegar adonde quisiera si además hay números moderados y perseverantes en su cuadro numerológico. En caso contrario, será brillante pero desperdiciará sus facultades, porque su impaciencia y temeridad lo llevarán a tomar decisiones precipitadas o imprudentes.

Sensibilidad a flor de piel y nervios en tensión que producen irritabilidad. Si se siente frustrado, estalla a la menor provocación, mostrándose agresivo, rebelde y pendenciero, lo que unido a un exceso de franqueza, puede atraerle problemas de convivencia.

Sensible, espiritual, noble y generoso, tiene un corazón enorme siempre dispuesto a socorrer a quien lo necesite.

Nombres 6-1 (interior y exterior)

Números contradictorios.

Inteligente, racional y fríamente mental, y a la vez excesivamente vulnerable, emocional y dependiente de los sentimientos.

Su mentalidad es libre, independiente e individualista, motivada por una fuerte ambición que a veces entra en conflicto con otras inclinaciones más tranquilas, parsimoniosas e incluso indolentes. Se caracteriza por una parte plácida y autocomplaciente a la que no le interesa sobresalir sino disfrutar de la vida con sus seres queridos.

Si se impone su parte enérgica, positiva y constructiva, si logra hacer uso de sus ideas artísticas, intelectuales y creativas, podrá sobresalir profesionalmente, pero si sigue la línea del menor esfuerzo y no se empeña, desperdiciará sus facultades.

A veces padece de soledad, angustia vital y pesimismo. Peligro de depresiones y obsesiones debido a su introversión y a que los sentimientos suelen ser su talón de Aquiles.

Si no hay números activos y optimistas en otras partes del cuadro numerológico, los problemas emocionales podrían ser graves.

Nombres 6-2 (interior y exterior)

Números muy similares que acentúan las cualidades morales y espirituales, y sobre todo la necesidad de paz y equilibrio.

Generoso, benévolo y altruista, lo dominan el corazón y las emociones, de manera que a menudo los sentimientos son su punto débil.

Extremadamente falto de malicia, cálculo y disimulo, peca de crédulo e ingenuo porque se niega a juzgar y, por el contrario, siempre trata de comprender y perdonar. En ocasiones puede ser fácilmente manipulado y maltratado, pero sorprendentemente, siendo una persona tan conciliadora, tiene un límite, y cuando alguien lo sobrepasa, puede romper, tajante y definitivamente, con lo que sea y con quien sea.

A veces es una gran contradicción. Aunque parezca increíble en una persona que llega a cualquier extremo por no perjudicar ni antagonizar con nadie, puede mostrarse obstinado y tozudo cuando persigue un objetivo. En esos momentos ambiciona grandes cosas y aunque suele ser noble y conciliador, puede mostrarse duro e inflexible también.

Sufre de bloqueos, indolencia o inseguridad que a veces le impiden mostrar todo su potencial, de manera que los logros pueden no corresponder a las ambiciones.

Le falta apertura, soltura y confianza en sí mismo para que pueda alcanzar sus objetivos, que son muy importantes y ambiciosos.

NOMBRES 6-3 (INTERIOR Y EXTERIOR)

Los números implicados en esta combinación hablan de talento, aptitudes artísticas y humanitarias sobresalientes.

Sensible, creativo y polifacético, podría sobresalir en cualquier actividad artística, pero existe una tendencia a despreocuparse y rehuir las obligaciones, o una cierta inclinación a la indolencia, la autocomplacencia y la bohemia. Si no hay además números estables y centrados, faltará fuerza, perseverancia y determinación.

Dulce, cariñoso y encantador, su personalidad amistosa, sociable y cordial le atrae muchos amigos y admiradores, porque sabe disfrutar de la vida.

Los sentimientos son su fuerza y debilidad. Noble, generoso y vulnerable, tiene mucho amor para dar, pero necesita también sentirse amado y protegido, y los problemas emocionales pueden llegar a obsesionarlo.

Demuestra un acentuado sentido de responsabilidad hacia todas las personas con problemas, y especialmente hacia sus seres queridos. Puede destacarse en cualquier profesión relacionada con el servicio social.

Si hay números esforzados y responsables en otras partes del cuadro numerológico, podrá sobresalir profesionalmente en cualquier campo relacionado con el arte.

NOMBRES 6-4 (INTERIOR Y EXTERIOR)

Contradicciones positivas y negativas para la persona.

Por una parte es trabajador, responsable y esforzado, se toma la vida y sus obligaciones muy en serio, y en otros momentos es un auténtico sibarita y puede mostrarse pasivo, indolente y autocomplaciente, aspirando solo a vivir cómodamente y a no enfrentarse a ningún problema.

Su parte humana, generosa y comprensiva lo convierte en una persona especial que tiene mucho amor para dar, pero que también depende (en demasía) del afecto y apoyo de los demás.

Serio, honesto y justo, siempre se puede contar con él, pero a menudo sus seres queridos son su prioridad y puede sacrificar su propia comodidad o libertad.

Tiene grandes ambiciones materiales, necesidad de destacar sobre los demás y de estabilidad económica. El dinero es importante porque le preocupa la incertidumbre del mañana, pero los bloqueos, inseguridades, obsesiones o limitaciones pueden impedirle acceder a su indudable talento y capacidad.

NOMBRES 6-5 (INTERIOR Y EXTERIOR)

La familia es su principal motivación y luchará por crear un hogar estable y feliz.

Impulsos contradictorios. A veces es activo, inquieto y luchador, o indolente, negligente y perezoso. Se divide entre la impaciencia y la placidez, entre llevar una vida cómoda, placentera y sin complicaciones y otra activa y de riesgo que no deje lugar a la monotonía ni al aburrimiento.

Noble, generoso y buena persona, tiene mucha calidez humana e integridad.

Excesivamente vulnerable y obsesivo por los sentimientos, pierde su equilibrio y compostura, se obsesiona y ya no puede pensar con la cabeza porque domina el corazón.

Es tímido e inseguro: a estos números les falta fuerza y solidez.

Cuando se exalta a causa de los nervios y la tensión, puede atraer problemas de convivencia a nivel familiar o profesional, y si la tensión no encuentra salida a través de números abiertos, pueden presentarse problemas físicos o enfermedades, obsesiones o dependencias.

NOMBRES 6-6 (INTERIOR Y EXTERIOR)

Cualidades y defectos acentuados porque los números se repiten.

Se caracteriza por su integridad, equilibrio, generosidad y un espíritu de servicio muy acentuado que abarca a todos, pero que se centra principalmente en sus seres queridos.

Sociable y comunicativo, sabe crear un ambiente grato y relajado a su alrededor, y su hogar y su corazón están siempre abiertos para todos.

Justo, honrado y escrupuloso, cumple con sus obligaciones responsablemente.

Demuestra excesiva vulnerabilidad y dependencia emocional. Tiende a obsesionarse con los problemas del corazón. Existe la posibilidad de depresiones y traumas psicológicos que pueden llegar a ser serios si estos números van unidos a otros depresivos.

Tiene grandes aptitudes artísticas y un profundo sentido de la estética y la belleza.

Conservador, tradicionalista y cómodo, huye de las presiones y la lucha, y prefiere seguir la línea del menor esfuerzo.

Puede desarrollar hipocondría y la tendencia a magnificar las dificultades.

También hay cargas familiares que limitan la libertad y los logros de la persona, así como bloqueos.

NOMBRES 6–7 (INTERIOR Y EXTERIOR)

Números contradictorios que crean una combinación difícil.

Excesivamente vulnerable y emotivo, es una persona emocional y cerebral a la vez, que a menudo se siente dividida entre impulsos y reacciones contradictorias e incompatibles.

Comprensivo, noble y generoso, tiene mucho amor para dar, pero también necesita sentirse amado y protegido. Cuando domina la parte mental se muestra intelectual, analítico, profundo e introspectivo. Reservado y solitario, tiene dificultad para expresar sentimientos y necesita desconectarse para meditar y perfeccionarse mental y espiritualmente.

Por eso, cuando muestra su parte generosa y comprometida con los problemas humanos, atrae el afecto y la aceptación de todos, pero cuando domina su parte lógica y mental, puede ser acusado de orgullo y frialdad, y difícilmente lo comprenden o aceptan.

El choque entre la emotividad y los sentimientos, el raciocinio y la reflexión, puede atraer problemas emocionales y depresiones más o menos graves (a veces muy graves), según el resto de los números que aparecen en el cuadro numerológico.

NOMBRES 6-8 (INTERIOR Y EXTERIOR)

Problemas de carácter y comportamiento, producto de números muy contradictorios.

Tenaz, ambicioso, enérgico y combativo, muestra a veces un gran espíritu de lucha.

Duro y exigente consigo mismo y con los demás, no acepta medianías ni imperfecciones. Organizado, metódico y eficiente lo da todo pero también lo exige todo. Enorme capacidad de esfuerzo, aguante y sacrificio.

Sin embargo, cuando hay sentimientos de por medio, se muestra vulnerable, complaciente y manejable. Se entrega totalmente y puede mostrarse absorbente, celoso y posesivo de todo lo que le pertenece.

Puede tener mucho aguante, pero llega un momento en que reacciona violenta y tajantemente, cuando se siente maltratado al máximo.

Inexplicablemente en otros momentos puede mostrarse apático e indolente, pierde la motivación y sigue la línea del menor esfuerzo, con tal de no luchar.

A menudo se siente dividido entre la ambición de sobresalir, ocupar un lugar importante en la sociedad y poseer bienes materiales, o vivir intensamente, disfrutando de la vida y si es posible sin esforzarse demasiado.

Demuestra paciencia y tenacidad, inquietud y nerviosismo, dureza y rigidez, autocomplacencia y pasividad.

Existen posibles problemas de convivencia o cargas familiares.

Nombres 6-9 (interior y exterior)

Hay una gran capacidad de amar, de entrega y sacrificio, porque ambos números simbolizan el amor en todas sus manifestaciones. También generosidad, nobleza y un profundo sentido de justicia y protección hacia todas las personas con problemas o desamparadas, lo cual puede llevarlo a sobresalir en cualquier profesión o proyecto de asistencia social.

Aunque ambos números representan el amor, se manifiestan de distinta manera. A veces la persona se cierra y se centra solo en sus propios afectos, al punto de sacrificarlo todo por la unión y la estabilidad de los suyos. En esos momentos es muy vulnerable y los sentimientos son su talón de Aquiles.

En otros momentos, su entrega es mucho más amplia y abarca a todos los seres humanos. Su sensibilidad y generosidad lo convierten en el paño de lágrimas de todos, y puede llegar obsesionarse por resolver los problemas ajenos, desatendiendo sus propias obligaciones o intereses.

Posee un gran talento artístico.

Tiene una mentalidad clara, independiente y desinhibida. Es bohemio y excéntrico, romántico y soñador, con una intuición muy desarrollada.

Hay posibles cargas familiares u obligaciones que lo agobian o limitan.

Nombres 7-1 (interior y exterior)

Motivaciones y reacciones muy diferentes.

Por una parte desea lograr éxitos materiales y una posición social o profesional destacada, y por otra parte, le preocupan los problemas humanos y en especial su propio perfeccionamiento interior.

Sin embargo, al unirse la brillante inteligencia y las tendencias intelectuales de ambos números, generan una mentalidad sobresaliente, analítica y brillante. Su curiosidad no conoce límites y querrá investigar, descubrir y escudriñar todos los temas que interesan a la mente y al espíritu.

Ambicioso, racional, frío e imperturbable, cuando persigue un objetivo puede prescindir de los sentimientos.

Lógico, razonable y observador, está especialmente capacitado para ocupar cargos importantes por sus dotes de mando, su inteligencia, su ecuanimidad y su gran creatividad.

Tiene metas muy ambiciosas. Querrá solo lo mejor de lo mejor, y luchará hasta alcanzarlo.

Siempre dominará la mente, y puede sobresalir en cualquier campo, pero las ciencias y la investigación o la literatura serían una excelente opción.

A veces tendencias depresivas, más o menos importantes según el resto del cuadro numerológico.

NOMBRES 7-2 (INTERIOR Y EXTERIOR)

Números que se complementan en su deseo de superación espiritual y en su búsqueda del conocimiento, la sabiduría y la perfección.

A menudo demuestra intuición y clarividencia, lo que facilita el estudio y las practicas psicológicas y paranormales.

Introvertido, tímido y profundo, casi nunca lo motivan los logros materiales. El dinero no es la meta de su vida, y por el contrario ama la belleza, la cultura y la espiritualidad.

De carácter reservado, solidario, muy solitario, humanitario y generoso. Su necesidad de servicio, su desprendimiento y nobleza abarcan a todas las personas y especialmente a los más necesitados, por lo que podría tener éxito en cualquier profesión de servicio.

Extremadamente perfeccionista y ávido de conocimientos, es muy analítico y exigente consigo mismo.

A veces demasiado serio, puede tener dificultad para expresar sentimientos, o puede dar la impresión de ser una persona orgullosa que quiere distanciarse de los demás. Sin embargo, la realidad es que, por ser muy sensible y vulnerable, solo está defendiendo su intimidad, pero siempre impactará como un ser especial, delicado y espiritual.

Tiene necesidad de independencia y libertad, total y absoluta.

Si no hay números abiertos en el resto del cuadro, hay tendencias depresivas.

Si el 2 es maestro, la obligación de servicio es muy fuerte y marcará su vida.

NOMBRES 7-3 (INTERIOR Y EXTERIOR)

Números contradictorios pero no incompatibles porque en parte se equilibran.

Analítico, racional y coherente, es a la vez intuitivo, espiritual y magnético. Cuando domina la mente puede mostrarse frío y prescindir de los sentimientos porque solo se deja guiar por la lógica y su brillante inteligencia.

Introvertido, solitario y muy individualista, va tras el conocimiento y la verdad, pero cuando aparece su otra cara, derrocha simpatía. Vivaz magnético y creativo, cálido y generoso, le gusta rodearse de personas vitales, influyentes y originales.

Posee talento artístico y un sentido muy acusado de la estética y la belleza. Es muy curioso a nivel intelectual, quiere conocerlo y saberlo todo.

Su otra parte, alegre y mundana, le otorga gran encanto, pero puede opacar sus cualidades psíquicas, aunque lo ayuda a superar sus tendencias melancólicas y depresivas. De manera que puede oscilar entre retraimiento y extroversión, entre soledad y comunicación. A veces quiere aislarse, y otras veces quiere ser el centro de atención.

Los demás números dirán cuál tendencia predominará.

NOMBRES 7-4 (INTERIOR Y EXTERIOR)

Tiene objetivos serios y profundos, fruto de una mentalidad reflexiva, analítica y ordenada. Siempre estará dividido entre el impulso de alcanzar estabilidad y seguridad económica o conocimiento interior.

Por una parte, tiene los pies muy bien asentados en la tierra y sueña con una vida cómoda y sin problemas económicos, y por otra, solo aspira a encontrar equilibrio interior y a vivir en paz y armonía con los demás y consigo mismo.

Responsable, trabajador, ordenado y metódico, a veces es demasiado rígido y austero, pero a la vez perfeccionista, fino y delicado, que aspira siempre a lo mejor de lo mejor y no soporta la vulgaridad.

De mente analítica, observadora y curiosa que le facilita las carreras científicas, financieras o literarias. Sin embargo, estos números lo hacen demasiado reservado: le cuesta expresar sentimientos y sus cavilaciones y aislamientos pueden atraerle problemas de convivencia o depresiones.

Presenta bloqueos y a veces incomunicación. No suele tener problemas para relacionarse profesionalmente, pero sí para expresarse emocionalmente.

Necesita números entusiastas y abiertos que lo ayuden a alcanzar sus objetivos.

NOMBRES 7-5 (INTERIOR Y EXTERIOR)

Números contradictorios. Reacciones imprevisibles.

Por una parte, necesita recogimiento y soledad para encontrarse a sí mismo, estudiar y meditar, porque le inquietan los misterios del comportamiento y el alma humana; y a la vez necesita vivir intensa, activa y temerariamente.

A veces es prudente, previsor y analítico. Suele encerrarse en sí mismo y puede sufrir accesos de melancolía o depresión, pero en otros momentos se muestra inquieto, impaciente e irritable. Extremadamente impulsivo y ansioso de diversión, odia la soledad que le es tan necesaria en otros momentos.

Sensible, muy intuitivo e inspirado, sus cambios de humor lo privan de la paz interior que necesita.

Intelectual, brillante e imaginativo, no tiene problemas para expresarse profesionalmente, pero sí para expresar sentimientos.

Es muy polifacético, tiene aptitudes artísticas, intelectuales y creativas, y a la vez posee espiritualidad y sensibilidad, de manera que tiene muchas opciones profesionales.

Hay posibles problemas de convivencia, aislamiento o depresiones.

NOMBRES 7-6 (INTERIOR Y EXTERIOR)

Números contradictorios que crean una combinación difícil.

Excesivamente vulnerable y emotivo, es una persona emocional y cerebral a la vez, que a menudo se siente dividida entre impulsos y reacciones incompatibles.

Comprensivo, noble y generoso, tiene mucho amor para dar, pero necesita sentirse amado y protegido.

Cuando domina la parte mental, se muestra analítico, profundo e introspectivo. Reservado y solitario, tiene dificultad para expresar sentimientos y necesita desconectarse para meditar y perfeccionarse mental y espiritualmente.

Por eso, cuando aparece su otra parte, generosa y comprometida con los problemas humanos, atrae el afecto y la aceptación de todos. Pero cuando domina su parte lógica y mental, puede ser tachado de orgulloso y frío, y, en consecuencia, será difícilmente comprendido y aceptado.

Sin embargo, el contraste entre la emotividad y los sentimientos, el raciocinio y la reflexión, puede atraer problemas emocionales y depresiones más o menos graves, según el resto de los números que aparezcan en el cuadro numerológico.

Aunque estas tendencias son fuertes, existen también otras inquietudes que a menudo lo llevan a preocuparse de las cosas materiales por encima de todo, como la estabilidad y la seguridad económica.

NOMBRES 7-7 (INTERIOR Y EXTERIOR)

De carácter serio, solitario y profundo, da más importancia a los logros intelectuales y espirituales que a las conquistas materiales.

Demuestra refinamiento, sensibilidad y delicadeza interior. Ama la cultura, la belleza y el arte.

Austero, mesurado y profundo, suele sentirse solo aún en compañía, pero la soledad no le pesa, sino que lo enriquece.

Enigmático, indefinible y evasivo, necesita el contacto con la naturaleza para ser más realista, porque suele vivir en las nubes o en su propio mundo interior. A menudo es incomprendido o rechazado por su apariencia fría y distante y porque le cuesta mucho expresar sentimientos, lo cual le trae aislamiento y soledad; no obstante, esto no refleja su auténtico temperamento, sino que solo nos dice que por timidez o pudor está tratando de defender su intimidad y sus sentimientos.

Elegante, frío y selectivo, huye de lo basto y ordinario e, incapaz de asumir una situación semejante en su vida personal, intenta evadirse por cualquier medio, incluso peligroso (adicciones o tendencias autodestructivas).

Demuestra angustia vital y tendencias depresivas a menudo, si en el resto del cuadro numerológico no aparecen números abiertos, optimistas y distendidos. También impaciencia e irritabilidad ocasionales, que producen altibajos en el comportamiento.

De intuición muy desarrollada, lo que le facilita las practicas paranormales.

Tachado a menudo como una persona extraña e inaccesible, le cuesta mucho participar y pertenecer.

Nombres 7-8 (interior y exterior)

Combinación muy compleja y difícil que puede crear confusión interna y contradicciones en el comportamiento al estar la persona dividida entre lo material, lo espiritual y las relaciones humanas.

Como es muy difícil conciliar las necesidades espirituales e intelectuales con la ambición que exige dinero y posición social, además de su enorme dependencia emocional, oscilará entre llegar a la cumbre material y económica, o al dominio y ejercicio del intelecto puro. La cosa se complica aún más cuando entran en juego los sentimientos, porque nublan la inteligencia, distorsionan los objetivos y debilitan el coraje y la resolución.

Los números de nacimiento y firma lo ayudarán a definirse en una u otra dirección. Es brillante, inteligente y mental; trabajador, ambicioso, fuerte, duro y materialista, o plácido, autocomplaciente y con grandes dependencias emocionales.

Si no hay otros números abiertos y optimistas que lo ayuden, le será difícil encauzar su vida con éxito.

Hay peligro de bloqueos, ansiedad, angustia, obsesiones emocionales o depresiones que pueden ser graves.

NOMBRES 7-9 (INTERIOR Y EXTERIOR)

Simbiosis casi perfecta entre las inquietudes espirituales, mentales y emocionales.

Es un espíritu altamente evolucionado que, si está apoyado por un nacimiento y firma afines, nos habla de un ser excepcional que beneficiará a todas las personas de su entorno. Se inclinará hacia las obras sociales, las prácticas esotéricas o las actividades intelectuales, pero se preocupará ante todo de su propio perfeccionamiento interior.

Espíritu delicado, sensible y amante de todo lo bello, a menudo místico, poeta y visionario, quiere saberlo y conocerlo todo.

Introvertido, solitario y depresivo, a veces se aísla pero no lo lamenta, porque en soledad se encuentra a sí mismo. Suele preferir su mundo interior, y cuando la realidad lo agobia o es demasiado sórdida, se desconecta por cualquier medio: la lectura, la evasión mental o las adicciones, incluso peligrosas.

Es extremadamente individualista y amante de la libertad.

Viajero impenitente, a través de sus viajes acrecienta su cultura y se enriquece mental y espiritualmente, o cuando se aísla en el campo, la montaña o el mar.

Bohemio y excéntrico, romántico y soñador, es al mismo tiempo una persona noble, altruista y generosa, pero extraña y extravagante.

Será feliz en cualquier profesión que le permita ayudar y entregarse a los demás.

Nombres 8-1 (interior y exterior)

Números muy distintos pero parecidos en ciertos aspectos.

Es una personalidad muy fuerte, ambiciosa, decidida y audaz, puede convertirse en líder y alcanzar prestigio y éxito material.

De temperamento muy fuerte, radical y tajante, esstá especialmente dotado para los negocios, la ciencia o la investigación. Tiene una mente brillante, creativa y llena de recursos, además del olfato comercial, el valor para arriesgarse en el momento oportuno y a la tenacidad para trabajar hasta lograr sus objetivos, de manera que no es extraño que pueda alcanzar las más altas posiciones como ejecutivo al frente de grandes empresas o en cualquier proyecto importante.

Libre e independiente, no acepta dominio de nadie al tomar sus decisiones y una posición subordinada lo amarga y deprime.

De carácter fuerte, duro, radical y muy exigente consigo mismo y con los demás. Tremendamente intenso, se entrega a todo totalmente y no descansa hasta lograr sus objetivos.

Su excesiva franqueza puede ser hiriente y dolorosa pero siempre tratará de ser honesto y justo.

Generoso y humanitario, se involucra en los problemas y necesidades ajenos e intenta solucionarlos, pero debe tratar de que la ambición y el deseo de poder no lo cieguen, ni lo cierren.

Aunque generalmente hace gala de autocontrol, si es excesivamente hostigado puede estallar con furia incontenible y romper tajante y definitivamente cualquier relación o compromiso.

NOMBRES 8-2 (INTERIOR Y EXTERIOR)

Inquietudes y motivaciones contradictorias.

Por una parte, es fuerte, luchador, autoritario y autosuficiente. Muy ambicioso, su principal objetivo son los logros materiales, de manera que el dinero es muy importante porque le da seguridad. Además, sus facultades físicas, mentales y de carácter le permitirán llegar a la cima, siempre y cuando logre controlar y dominar la otra cara de su personalidad, la cual le aporta dudas, inseguridad e incluso complejos que a veces crean bloqueos difíciles de superar y que pueden impedirle demostrar su auténtica capacidad.

A veces es mesurado, diplomático, comprensivo dulce y maleable, y otras inamovible, exigente, dominante, tiránico e inflexible, pero siempre honesto, veraz y auténtico.

La ambición de subir cada vez más alto y de aspirar siempre a lo mejor de lo mejor choca con el miedo que lo inmoviliza a veces ante los grandes retos.

Necesita números abiertos y decididos en otras partes de su cuadro numerológico, con los cuales podrá llegar a donde quiera. De lo contrario, las dudas y bloqueos lo inmovilizarán.

Si el número es maestro se entregará con todo el brío y la fuerza que lo caracterizan a labores de servicio social y humanitario.

Nombres 8-3 (interior y exterior)

Números contradictorios aunque no negativos.

Por un lado tiene talento, ideas brillantes y creativas que puede llevar a la práctica haciendo uso de su enorme capacidad de trabajo y tenacidad, cualidades que no le permiten darse por vencido jamás sin lograr sus propósitos.

Sus ambiciones son de vasto alcance y no se conformará nunca con una posición mediocre.

Comportamiento contradictorio. Oscila entre la dureza e intransigencia, la astucia, la comprensión y la simpatía. En ocasiones puede ser muy rudo y tajante, y en otras se amolda a la situación y a las personas.

Acusado sentido de los valores y olfato comercial, el dinero es importante para él.

Aunque es una persona seria y responsable, cuando aparece su parte sociable le gusta ser el centro de atención y puede manipular sin escrúpulos para conseguir lo que desea, porque sabe decir la palabra apropiada en el momento justo.

A veces es extremadamente fuerte y, otras, inseguro y pasivo.

Nombres 8-4 (interior y exterior)

Es de carácter recio y enérgico que va siempre de frente por la vida y exige lo mismo de los demás. No hay nada ambiguo ni confuso en su personalidad y se puede confiar en él en todos los aspectos.

Tiene ambiciones de grandeza, pero está dispuesto a trabajar duro para conseguirlas. Se concentra totalmente en lo que quiere, excluyendo todo lo demás hasta alcanzarlo, de manera que puede llegar adonde quiera aunque sea partiendo de la nada.

Posee solidez y claridad mental. Huele el dinero y tiene la capacidad para dirigir grandes empresas o grupos de personas.

Demuestra enorme disciplina y autocontrol, pero cuando es acosado al máximo, estalla con violencia o rompe definitiva y tajantemente con lo que sea, o con quien sea.

Se caracteriza por su fuerza y magnetismo, poderes de sanación muy importantes, y habilidad manual.

Es parco e imperturbable, hay peligro de excesiva dureza, materialismo o falta de escrúpulos. Si hay además números dinámicos y activos, nada puede detenerlo. Si no es así, hay bloqueos que lo frenan y que generan amargura y frustración.

Sufre de falta de tacto y diplomacia. Como Santo Tomas, solo cree en lo que puede comprobar por sí mismo.

Necesita números muy abiertos y decididos en el resto del cuadro numerológico. Si estos no existen, hay bloqueos para lograr sus objetivos y sobre todo para expresar sentimientos.

NOMBRES 8-5 (INTERIOR Y EXTERIOR)

La mezcla de estos números produce una combinación arrolladoramente fuerte, dinámica e intensa.

A veces puede actuar temeraria e impulsivamente sin medir las consecuencias, y en otras ocasiones se controla y muestra una férrea voluntad, solidez y concentración.

Trabajador incansable, ambicioso, persistente y organizado, no hay meta que no pueda alcanzar y siempre aspira a lo mejor de lo mejor.

A veces es totalmente estático y controlado y otras, temerariamente impulsivo.

Es temperamental, inquieto e impaciente a la vez. Al unirse ambos números generan un carácter muy fuerte que puede reaccionar de forma brusca, atolondrada, tajante y agresiva, o paciente y autocontrolado en apariencia, para estallar con furia incontenible cuando ha sido provocado al máximo, al punto de tomar decisiones tajantes y definitivas, rompiendo con lo que sea y con quien sea.

Polifacético, original e imaginativo, odia la rutina y la mediocridad.

A menudo aparecen problemas de convivencia a nivel personal o profesional. En ocasiones parece tener un imán que atrae problemas y que lo mantienen en el ojo del huracán.

Posee grandes poderes de sanación y dominio de las energías.

Nombres 8-6 (interior y exterior)

Problemas de carácter y comportamiento, producto de números muy contradictorios.

Es tenaz, ambicioso, enérgico y combativo, muestra a veces espíritu de lucha. Duro y exigente consigo mismo y con los demás, no acepta medianías ni imperfecciones.

Organizado, metódico y eficiente, lo da todo, pero también lo exige todo. Demuestra una enorme capacidad de esfuerzo, aguante y sacrificio.

Sin embargo, cuando hay sentimientos de por medio, se muestra vulnerable, complaciente y manejable. Se involucra totalmente y puede mostrarse absorbente, celoso y posesivo de todo lo que le pertenece.

Cuando asoma esta parte de su personalidad, inexplicablemente puede mostrarse apático e indolente, pierde la motivación y no lucha, de manera que estará dividido entre poseer bienes materiales y destacarse en la sociedad, o disfrutar de la vida y vivir todas las experiencias, si es posible sin luchar demasiado.

Paciencia y tenacidad, inquietud y nerviosismo, dureza y rigidez, autocomplacencia y pasividad, siempre está entre ambos extremos. Existen posibles problemas de convivencia, o cargas familiares que le impiden levantar cabeza.

NOMBRES 8-7 (INTERIOR Y EXTERIOR)

Combinación muy compleja y complicada que puede crear confusión interna y contradicciones en el comportamiento al estar la persona dividida entre lo material, lo espiritual y las relaciones humanas.

Como le es muy difícil conciliar las necesidades psíquicas e intelectuales con la ambición que exige el dinero, la posición social y la enorme dependencia emocional, oscilará entre llegar a la cumbre material y económica, o el dominio del intelecto. La cosa se complica aún más, cuando entran en juego los sentimientos porque nublan la inteligencia, distorsionan los objetivos y debilitan el coraje y la resolución. Los números de nacimiento y firma pueden ayudarlo a definirse en una u otra dirección.

Es brillante, inteligente y mental. También trabajador, ambicioso, fuerte, duro y materialista, o plácido, autocomplaciente y con grandes dependencias emocionales.

Si no hay otros números abiertos y optimistas, le será difícil encauzar su vida con éxito.

Hay peligro de bloqueos, ansiedad, angustia, obsesiones emocionales y depresiones.

NOMBRES 8-8 (INTERIOR Y EXTERIOR)

Posee energía, voluntad y determinación extraordinarias que le permiten llevar a cabo cualquier proyecto si los números de nacimiento y firma son los adecuados.

De carácter recto, justo, decidido y veraz. Tiene muy claro lo que quiere y no hay nada ambiguo en su manera de ser. Siempre se muestra claro, honesto y escrupuloso pero exige lo mismo de los demás. Tajante, dictatorial y extremadamente exigente consigo mismo y con los demás, puede ser criticado y resentido, no sólo porque exige demasiado, sino porque no suele tener tacto y no suaviza las críticas o verdades, pero nunca exige más de lo que él mismo da.

Radical y extremista, para él todo es sí o no, todo o nada, blanco o negro, ahora o nunca, y exige la misma claridad en los demás.

Extremadamente ambicioso, puede nacer en la pobreza máxima pero puede llegar a donde quiera. Cuando va tras un objetivo, es como un tanque que arrasa con todo lo que se atraviesa en su camino.

Demuestra sangre fría y autocontrol: en caso de accidentes o grave peligro, suele ser la única persona que puede dominar la situación y guiar a los demás.

Puede soportar mucho pero cuando estalla rompe tajante y definitivamente con lo que sea o con quien sea.

Ordenado y metódico, no resiste la desorganización o la mediocridad.

Posee grandes poderes de sanación y dominio de las energías.

Hay peligro de materialismo y ambición desmedida; puede fracasar por arriesgar o abarcar demasiado.

Es demasiado serio, no tiene sentido del humor. Hay posibles problemas de comunicación o bloqueos.

NOMBRES 8-9 (INTERIOR Y EXTERIOR)

Números que favorecen las actividades científicas, financieras o humanitarias.

Motivaciones muy contradictorias. Por una parte, la estabilidad económica es importante porque necesita sentirse seguro. Por eso, sus metas son muy ambiciosas y, como tiene una voluntad inquebrantable, nada puede oponerse a su empuje, valor y perseverancia. De carácter fuerte y enérgico, posee un profundo sentido de la justicia. Es recto y veraz, y su franqueza puede ser dolorosa y ofensiva, pero nunca injusta.

Intransigente e intolerante, drástico y tajante, no conoce los términos medios y se guía por el todo o nada.

Nunca será una persona egoísta, tacaña o mezquina y se preocupa por las necesidades y problemas ajenos, tratando de ser justo e imparcial. Muestra facetas tan opuestas como son su austeridad y formalidad con un temperamento bohemio, extravagante e individualista a ratos, que le pide vivir a su manera, según su propio código de conducta.

Reconocido y respetado por su integridad moral, su honradez y valentía, puede convertirse en un líder de gran carisma para promocionar proyectos humanitarios. Hay predisposición para las ciencias y la investigación. Posee poderes de sanación y dominio de las energías.

NOMBRES 9-1 (INTERIOR Y EXTERIOR)

Números muy similares en cuanto al entusiasmo, la inteligencia, la creatividad y la necesidad de libertad.

De mentalidad lúcida, brillante y clara, gran intelectualidad, originalidad y vehemencia, pero a menudo con motivaciones y objetivos divididos. Una parte desea el lucimiento personal y tiene todas las cualidades para realizarse profesionalmente y ocupar lugares destacados en la sociedad, pero por otra parte necesita sentirse útil, ayudar y proteger a los menos afortunados. Defensor de la justicia y los derechos humanos, solo es feliz cuando desarrolla alguna labor social o humanitaria. Es dolorosamente franco, directo, duro y tajante. No necesita usar la violencia física porque su palabra puede ser demoledora.

Siempre aspira a la libertad total, de acción credo y pensamiento, y le es muy difícil acatar las órdenes de personas sin carisma, fuerza ni personalidad.

Seguro de sí mismo, se atreve a incursionar donde otros no llegan y casi siempre encuentra solución a los problemas.

Es muy mental, pero a la vez intuitivo y psíquico, bohemio y extravagante.

NOMBRES 9-2 (INTERIOR Y EXTERIOR)

Contradicciones que en algunos casos son beneficiosas. Ambos números hablan de una persona noble y generosa, cuya principal motivación es ayudar a cualquiera que necesite protección y consuelo, porque esta combinación está marcada por el servicio humanitario.

De mentalidad muy curiosa, racional, analítica y a la vez psíquica, intuitiva y espiritualmente evolucionada. Humano y comprensivo, intenta que su paso por la vida sea provechoso, porque estos números personifican el servicio y el amor universal.

Aunque suele ser una persona dulce, plácida y serena que necesita vivir en paz y armonía, puede mostrarse temperamental, inquieto, nervioso e irritable a veces.

Posee dudas, timidez, inseguridad y complejos que casi nunca son justificados, pero que suelen crearle angustia interna y a veces le impiden mostrar su potencial.

A veces discreto, comprensivo y diplomático, y otras bohemio, extravagante y con una franqueza inoportuna y agresiva. Siempre será una persona generosa y comprometida.

Nombres 9-3 (interior y exterior)

Es un espíritu fraternal y generoso con una gran capacidad de amar, e inspirado por impulsos nobles y elevados.

Sociable, comunicativo y encantador, suele ser una persona ingenua, confiada e idealista que a veces puede perder noción de la realidad por su excesivo optimismo y falta de malicia.

Tiene grandes aptitudes artísticas y talento que puede canalizar en muchas direcciones.

Estos números ofrecen la posibilidad de que lo acompañe la suerte de encontrar personas que lo ayuden y que le faciliten las cosas por su encanto, amabilidad y simpatía, pero en ocasiones esto puede ser negativo y, tal como sube, puede caer y perderlo todo por falta de firmeza de propósitos y perseverancia. Le falta un piso sólido y puede ser como un fuego fatuo que llega muy alto y se desvanece.

Es una persona llena de vivacidad y entusiasmo, alegre y optimista, pero puede ser mal interpretada y juzgada como voluble y superficial.

Si no hay números estables y centrados en lugares importantes, puede mostrar falta de responsabilidad y desperdiciar condiciones y oportunidades, porque tiende a creer que todo le está permitido.

NOMBRES 9-4 (INTERIOR Y EXTERIOR)

Números contradictorios.

De carácter fuerte y rígido, con un profundo sentido de la justicia social que está dispuesto a luchar por la libertad y el bienestar de los más necesitados.

Números radicales, enérgicos y rebeldes que no aceptan imposición ni maltrato, y a los cuales no les asusta asumir posiciones incluso radicales y extremas para defender sus principios.

Es serio, estudioso, sensato y responsable. Aunque uno de ellos es también un número activo y libre, no es en absoluto una persona frívola o superficial. Entusiasta y apasionado, su generosidad y su amor sobrepasan su entorno.

Necesita seguridad económica de modo que el dinero es importante para él y será ordenado y cuidadoso con sus bienes.

Tiene procesos mentales aparentemente lentos porque es metódico, minucioso y analiza todo antes de actuar. Aunque es también idealista e imaginativo, no se permite soñar ni divagar.

Hay peligro de bloqueos o problemas de comunicación, especialmente a nivel emocional.

Le cuesta expresar sus sentimientos aunque a veces puede ser dolorosamente franco y rudo.

NOMBRES 9-5 (INTERIOR Y EXTERIOR)

De temperamento libre e independiente que no acepta el dominio de nadie y que necesita vivir al máximo todas las experiencias.

Será siempre un alma rebelde y bohemia que tiene su propio código de conducta y rechaza las normas que rigen a la sociedad.

Tiene vitalidad, imaginación y curiosidad sin límites que pueden llevarlo por muchos caminos. Se entrega apasionada y totalmente a todo lo que emprende y podría llegar adonde quisiera si además tiene números moderados y perseverantes. De lo contrario, será brillante, pero desperdiciará sus facultades porque su impaciencia y temeridad lo llevarán a tomar decisiones precipitadas o imprudentes.

Con la sensibilidad a flor de piel y nervios en tensión que producen irritabilidad. Si se siente frustrado estalla a la menor provocación mostrándose agresivo, rebelde y pendenciero, lo que unido a su exceso de franqueza, suele traerle problemas de convivencia en su vida personal o en el trabajo.

Sensible, espiritual, noble y generoso, tiene un corazón enorme siempre dispuesto a socorrer a quien lo necesite.

Es especialmente sensible a las energías ambientales o de las personas.

NOMBRES 9-6 (INTERIOR Y EXTERIOR)

Gran capacidad de amor, entrega y servicio porque ambos números simbolizan el amor en todas sus manifestaciones.

Demuestra generosidad, nobleza y un profundo sentido de justicia hacia todas las personas con problemas, lo cual le permite sobresalir en cualquier proyecto o profesión de asistencia social.

Aunque ambos números representan el amor, se manifiestan de distinta manera. A veces la persona se centra en sus propios afectos, pudiendo sacrificarlo todo por la unión y la estabilidad de los suyos. En esos momentos, es muy vulnerable y los sentimientos son su talón de Aquiles. En otros momentos, su entrega es mucho más amplia y abarca a todos los seres humanos. Su sensibilidad y amor lo convierten en el paño de lágrimas de todos, y puede llegar a obsesionarse por resolver los problemas de los demás, desatendiendo sus propias obligaciones o intereses.

De gran talento artístico, mentalidad clara, independiente y desinhibida, es bohemio y excéntrico, romántico, soñador y muy intuitivo.

Cuando tiene problemas emocionales se ofusca y anula porque funciona solo el corazón y no la mente.

En ocasiones inquieto, activo y vital, y en otros momentos es indolente y cómodo.

Existe la posibilidad de cargas familiares que lo agobia y limitan.

Nombres 9-7 (interior y exterior)

Simbiosis casi perfecta entre las inquietudes espirituales, mentales y emocionales.

Es un espíritu altamente evolucionado que, si está apoyado por un nacimiento y firmas afines, nos habla de una persona excepcional que beneficiará a todas las personas de su entorno y que lo inclinan a las obras sociales, las prácticas esotéricas y las actividades intelectuales, preocupada ante todo por su propio perfeccionamiento interior.

Espíritu delicado, sensible y amante de todo lo bello. A menudo místico, poeta y visionario, quiere saberlo y conocerlo todo.

Introvertido y solitario, a veces se aísla, pero no lo lamenta porque se encuentra a sí mismo. Suele preferir su mundo interior y cuando la realidad lo agobia o es demasiado sórdida, se desconecta por cualquier medio, incluso por medio de adicciones que lo perjudican.

Es extremadamente individualista y amante de la libertad.

Un viajero impenitente, a través de sus viajes acrecienta su cultura y se enriquece, espiritual y emocionalmente.

Bohemio y excéntrico, romántico y soñador, es una persona noble, altruista y generosa, pero extraña y extravagante.

Será feliz con cualquier profesión que le permita ayudar y entregarse a los demás.

Si hay otros números cerrados en el resto del cuadro numerológico, hay peligro de bloqueos y depresiones.

NOMBRES 9-8 (INTERIOR Y EXTERIOR)

Números muy fuertes que favorecen las actividades científicas, financieras, humanitarias y de sanación.

Motivaciones muy contradictorias. Por una parte, la estabilidad económica es importante porque necesita sentirse seguro. Por eso sus metas son muy ambiciosas y, como tiene una voluntad inquebrantable, nada puede oponerse a su empuje, valor y perseverancia para lograrlas.

Con un profundo sentido de la justicia. Recto y veraz, su franqueza puede ser dolorosa y ofensiva.

Intransigente e intolerante a veces. Drástico y tajante, no conoce los términos medios y se guía por el "todo o nada".

Nunca será una persona egoísta, tacaña o mezquina y se preocupa por las necesidades ajenas tratando de ser siempre justo e imparcial.

Muestra facetas tan opuestas como son su austeridad y formalidad con una vena bohemia, extravagante e individualista que le pide vivir a su manera, según su propio código de conducta.

Reconocido y respetado por su integridad moral, su honradez y valentía, puede convertirse en un líder de gran carisma para promocionar proyectos humanitarios. Existe una predisposición para las ciencias y la investigación.

Posee poderes de sanación y dominio de las energías.

Nombres 9-9 (interior y exterior)

Es un espíritu altamente evolucionado. Noble, generoso, soñador e idealista, reclama su derecho a vivir libremente, sin ceñirse a las reglas que condicionan al resto de la sociedad, pero tendrá siempre la valentía de defender su peculiar manera de entender la vida.

De inteligencia clara, lucida y brillante, con grandes recursos mentales que le permiten encontrar soluciones (a veces insólitas) a los problemas.

Este número representa el amor universal y su generosidad rebasa su propio entorno y abarca a todos los que viven un mal momento y necesitan ayuda. Sensitivo, comprensivo y compasivo, el servicio humanitario le permite realizarse y ser feliz. Posee poderes psíquicos muy desarrollados, que incluyen sueños proféticos; si trabaja este potencial sería un extraordinario vidente o canalizador.

Romántico, idealista y soñador, bohemio y extravagante, a menudo su imaginación se desborda y vive en un mundo irreal.

Su curiosidad no conoce límites y se entrega totalmente a todo lo que hace porque es extraordinariamente intenso y tiene un carácter dominante, fuerte y apasionado. Se rige siempre por el "todo o nada", y por defender a otros puede descuidar sus propios intereses.

Su franqueza excesiva que puede crearle problemas. De temperamento nervioso e impresionable, suele alterarse con facilidad y perder los estribos. Es temperamental y agresivo, no se controla y puede ser dolorosamente ofensivo.

Bohemio, extraño y algo loco, es un ser irrepetible que siempre impactará o desentonará.

Capítulo 3

Destino: qué nos dice
nuestra firma

Las firmas que usamos para identificarnos a nivel legal o familiar son muy importantes porque aportan características adicionales a la personalidad y, lo que es más importante aún, representan las vivencias o destino que la persona atrae a través de ellas.

Su influencia es tal, que la firma puede mejorar un cuadro negativo, o puede perjudicar los buenos pronósticos de un cuadro positivo.

Cuando la persona usa más de una firma, puede haber contradicciones entre ellas, de manera que los buenos pronósticos se verán obstaculizados pues una firma puede atraer cosas positivas, y otra, cosas negativas.

En casos como estos, la ayuda de un experto numerólogo es vital porque permite equilibrar el cuadro, acceder a nuestro auténtico potencial y atraer las vibraciones positivas que se traducirán en una vida más plena y feliz, y en el logro de nuestras ambiciones y propósitos.

Nota: En este caso no es necesario separar vocales de consonantes, sino que se suma el equivalente de todas las letras contenidas en la firma. Una firma ilegible en la que no se ven las letras no puede analizarse. Son las letras las que tienen una equivalencia numérica. Un simple garabato no cuenta.

Procedimiento: se suma la vibración de nacimiento (día + mes + año) al total obtenido en la firma.

Nacimiento (día + mes + año)
  +
Firma   (la suma de todas las letras contenidas en la firma)
  =
DESTINO

1	2	3	4	5	6	7	8	9
a	b	c	d	e	f	g	h	i
j	k	l	m	n	o	p	q	r
s	t	u	v	w	x	y	z	

Ejemplo: Para una persona nacida el 17 de marzo de 1943.

Nacimiento $1 + 7 + 0 + 3 + 1 + 9 + 4 + 3 = 28 = 1$

+   +

Firma   L . M A R Í N . E   = DESTINO 1

=   3   4 1 9 9 5   5   = 36 =   9

DESTINO

★ ★ ★

Posibles destinos para la vibración de nacimiento 1

DESTINO 1

NACIMIENTO 1 + FIRMA 9 = DESTINO 1

Características

Ambición. Inteligencia. Apertura. Seguridad en sí mismo. Necesidad de libertad. Desenvoltura. Creatividad. Tiene una mente llena de recursos. Generosidad. Nobleza. Necesidad de servicio. Entrega total a las personas que necesitan ayuda. Bohemia. Extravagancia. Moral, ideas y costumbres que no siguen los cánones establecidos.

Si el resto de los números que aparecen en el cuadro numerológico producen bloqueos, incomunicación, inseguridad o dificultad para manifestar su capacidad, esta firma lo ayudará a abrirse y a revelar su potencial; pero si esta firma aparece en un cuadro muy independiente, podría faltarle estabilidad, perseverancia y sentido práctico

Acontecimientos

Vida interesante con posibilidades de éxitos alcanzados gracias a su propio esfuerzo.

Vida independiente y autosuficiente en la que podrá imponer sus propias ideas, condiciones y criterio.

Hay posibilidad de viajes y de una vida activa y constructiva. Se hará a sí mismo, y si los demás números que acompañan a esta firma son los adecuados, alcanzará la meta de sus ambiciones. En caso contrario, habrá frustración, resentimiento y amargura.

Aunque el éxito tarde en llegar, será una realidad y se moverá en círculos influyentes.

★   ★   ★

DESTINO 2

NACIMIENTO 1 + FIRMA 1 = DESTINO 2

Características

Fuerte contradicción. Aunque desea tener una vida tranquila y pacífica, ya que los ambientes y personas agresivas lo perturban profundamente, estos deseos pueden verse obstaculizados por una ambición excesiva que lo lleva a imponerse sobre los demás como sea. Necesita independencia y libertad total. Su mente está siempre llena de ideas originales porque le gusta destacarse sobre los demás. Tiene condiciones para hacerlo y a veces está seguro de que puede lograr lo que sea, pero en otros momentos siente dudas e inseguridades que lo paralizan y anulan su autodeterminación.

Intelectualidad y espíritu crítico muy desarrollados. Ingenio, agudeza y vivacidad. Excesivamente franco, a veces desatiende los sentimientos ajenos y otras, se puede mostrar muy considerado.

A veces se mueve entre un *quiero* y un *no puedo*.

Los logros de este destino suelen no ser tan importantes ni de acuerdo a las ambiciones de la persona.

Acontecimientos

A menudo este destino no llena las expectativas de lucimiento personal, éxito profesional y logros materiales que la persona desea y que su capacidad le permitiría.

Llevará una vida útil en la que puede ser de gran ayuda para otras personas, pero a menudo los beneficios están ligados a otros, por parentesco, sociedad o herencia. En otras palabras, puede haber una dependencia material o emocional muy frustrante para una persona tan independiente.

A vecesególatra y otras sencillo y generoso, colaborará para que otras personas se destaquen, sin importarle permanecer en un segundo plano, lo cual es totalmente contradictorio con las características del nacimiento y la firma.

★   ★   ★

DESTINO 3

NACIMIENTO 1 + FIRMA 2 = DESTINO 3

Características

Dulzura comprensión y calor humano. La prudencia, reserva y generosidad de la firma equilibrará el carácter demasiado osado, individualista y seguro de sí mismo del nacimiento. Aunque ambos se ayudan y equilibran, a veces crean confusión interna porque son muy distintos: uno es activo, audaz, temerario y no conoce las vacilaciones, y el otro es inseguro, tímido y pusilánime, de manera que oscilará entre estas dos tendencias.

Falta de asentamiento (tierra).

Acontecimientos

Experiencias enriquecedoras, afortunadas y felices.

Muy buena opción para las actividades artísticas.

Existe la posibilidad de una vida positiva y entretenida en la que podría tener importantes contactos sociales, viajar o relacionarse con personas influyentes.

Puede recibir ayuda de otras personas por su simpatía y encanto.

Esta mezcla de osadía y mesura permite que la persona se sitúe bien sin atraer antagonismos.

A veces la persona no se da cuenta de su suerte y puede inclinarse hacia la superficialidad o el despilfarro, malogrando los buenos pronósticos de este destino.

★   ★   ★

Destino 4

NACIMIENTO 1 + FIRMA 3 = DESTINO 4

Características

Las vibraciones que emiten estos números son muy similares, o sea que se acentúa el potencial artístico y creativo, la originalidad, la independencia y el optimismo que cada una de ellas otorga.

Gran facilidad de comunicación, inteligencia y brillantez.

Activo, autosuficiente y libre de prejuicios, tiene una mentalidad ambiciosa con metas muy amplias y, por sobre todo, desea vivir libre e intensamente.

Gran seguridad en sí mismo que lo ayudará a atreverse con cualquier proyecto. Simpatía, gracia, chispa y un don especial para caer bien, porque sabe decir lo adecuado en el momento oportuno.

Acontecimientos

Es posible que alcance reconocimiento en el mundo profesional, y a la vez estabilidad económica. El problema será que todo esto vendrá muy lentamente, y solo después de una vida de intenso trabajo y sacrificio. Nada le será regalado y la suerte no desempeña ningún papel en este destino. Lo que logre será producto de su inquebrantable tenacidad y capacidad de trabajo.

El dinero será siempre importante porque necesita sentirse seguro ante cualquier emergencia, pero debe tratar de no obsesionarse con el trabajo y las responsabilidades, porque corre el riesgo de que a cambio de esos logros su vida sea monótona y aburrida.

★ ★ ★

Destino 5

NACIMIENTO 1 + FIRMA 4 = DESTINO 5

Características

En esta firma y nacimiento se unen características muy dispares. Por una parte, tiene don de mando, ingenio y una fuerte personalidad. Inteligente, original e independiente, en ocasiones la ambición guía sus pasos y puede arriesgarse temerariamente porque no conoce límites y tiene total confianza en sí mismo.

Sin embargo, estos impulsos pueden ser frenados o ahogados por la firma, lenta y reflexiva, prudente e incluso pesimista, ya que estos pensamientos negativos y restrictivos lo limitan y anulan su capacidad.

Necesidad de estabilidad económica, pero, a la vez necesita sentirse total y absolutamente libre.

Nota: En numerología sucede a veces que dos números pueden ser contradictorios y sin embargo atraer un destino positivo. Pero en otros casos, aunque la contradicción no perjudique a la personalidad, genera un destino difícil o negativo, como en esta ocasión.

En todo caso, si se producen o no los acontecimientos, o en qué medida, dependerá casi siempre del resto de los números que aparecen en el cuadro numerológico.

Acontecimientos

Vida muy activa e intensa, llena de variadas experiencias o cambios repentinos que alteran el curso de los acontecimientos, pero, desde luego, no será una vida monótona ni tranquila. Es una lucha constante consigo mismo, y debe aprender a analizar y sopesar todas las alternativas, y no actuar solo por inquietud, aburrimiento o impaciencia. Tiene que aprender a centrarse. A menudo, sufrirá vivencias conflictivas o dolorosas. Dificultades o enfrentamientos a nivel profesional o familiar. En ocasiones parece tener un imán que atrae problemas, merecidos o no.

★ ★ ★

Destino 6

NACIMIENTO I + FIRMA 5 = DESTINO 6

Características

Esta firma revela un carácter inquieto, fogoso e impaciente que se vuelca enteramente en todo lo que hace porque su máxima aspiración es vivir intensamente eludiendo la rutina y el aburrimiento.

Se trata de una persona extraordinariamente independiente e individualista que valora su libertad ante todo.

Inteligente, polifacético y creativo, tiene tantas inquietudes e intereses que su mente está siempre llena de proyectos que a veces resultan demasiado audaces o poco prácticos.

Temperamental, brusco y agresivo, puede atraer problemas de convivencia, merecidos o no.

Nota: En numerología sucede a veces que dos números pueden ser contradictorios y sin embargo atraer un destino positivo, o como en este caso, pueden ser números que son parecidos, y que sin embargo generan un destino difícil o negativo.

Acontecimientos

En este caso es posible que la ambición y aspiraciones de una persona tan dinámica no lleguen a materializarse en un destino brillante. Es muy posible que sea un destino fluctuante y de altibajos a nivel sentimental, profesional o económico. Puede desperdiciar oportunidades por permitir que los sentimientos, la desidia o la vida familiar interfieran con sus planes y ambiciones. A veces comienza proyectos con entusiasmo pero pierde motivación o tira la toalla cuando las cosas se complican.

Presenta obligaciones o cargas (generalmente familiares) que pueden condicionar su vida, impidiéndole ser o hacer lo que hubiera querido. Vivencias fluctuantes; puede estar arriba o abajo, a veces tiene y otras veces no tiene.

★ ★ ★

Destino 7

NACIMIENTO I + FIRMA 6 = DESTINO 7

Características

Números contradictorios que pueden crear problemas de reacción o de comportamiento.

Por su nacimiento, se muestra como una persona inteligente, racional y analítica en la que predomina la parte mental. Dinámico, decidido y activo, en ocasiones es fríamente lógico y coherente. No permite que nada interfiera en sus razonamientos o en sus planes, pero los sentimientos se interponen muchas veces, cuando esto sucede pierde su ecuanimidad y las emociones le ofuscan y debilitan.

Libre, independiente e individualista por nacimiento, solo se siente atado y cede ante los lazos emocionales.

Indolente e inseguro a veces, sigue la línea del menor esfuerzo y no usa al máximo su potencial.

Presenta peligro de depresiones, angustia, obsesiones o problemas emocionales que pueden ser serios, según el resto del cuadro numerológico.

Acontecimientos

Vivencias centradas en la búsqueda de experiencias ligadas a la cultura, el autoconocimiento y la espiritualidad.

A menudo pronostica un destino interesante y la persona puede destacarse por su inteligencia y conocimientos.

Hay una gran posibilidad de viajes, prestigio y vivencias enriquecedoras, pero a veces el éxito será más profesional que económico. Posible relación con personas poderosas e influyentes.

Puede emprender y lograr cosas importantes a nivel profesional, pero este será casi siempre un destino solitario.

Siendo una persona introvertida a la que a veces le cuesta expresar sentimientos, en este destino se dan más solterones, viudos o separados que en otros. A veces incluso encontramos la soledad en compañía.

La firma produce dependencia emocional y en ocasiones atrae angustia y depresiones.

★ ★ ★

Destino 8

NACIMIENTO 1 + FIRMA 7 = DESTINO 8

Características

Mentalidad brillante y creativa. Carácter muy fuerte y dominante.

Racional, frío y analítico, cuando persigue un objetivo puede llegar a prescindir de los sentimientos.

Dinámico, seguro de sí mismo, independiente e individualista, por su nacimiento es un líder positivo que inspira, alienta y motiva a los demás.

Predisposición especial para los negocios y las finanzas. Capacidad ejecutiva y don de mando. Le encantan los desafíos. Su apariencia seria e introvertida y no facilita la comunicación, pero es una persona honesta y recta que inspira confianza.

Muy sensible y vulnerable aunque no lo parezca, tiene grandes inquietudes espirituales y profundidad emocional que le cuesta mucho manifestar. A menudo demuestra una gran dificultad para expresar sentimientos.

Acontecimientos

Gracias a su intelectualidad, perseverancia, capacidad ejecutiva y de trabajo, puede alcanzar cualquier meta que se proponga en el campo industrial, comercial, financiero, político o científico. Si el resto del cuadro numerológico es el adecuado, hay posibilidades de éxito, poder, dinero e influencia porque no le asusta trabajar duro y sus planes son muy ambiciosos.

Tiene olfato comercial. Descubrirá oportunidades y se arriesgará cuando esté seguro de ganar.

Vida laboriosa y de ascenso constante. Habrá posibles experiencias dolorosas o traumáticas a lo largo de su vida (de pequeño o adulto).

Si no modera su ambición corre el riesgo de llegar muy alto pero perderlo todo. Intransigencia o arrebatos en los que puede tomar decisiones tajantes y definitivas.

★   ★   ★

Destino 9

NACIMIENTO 1 + FIRMA 8 = DESTINO 9

Características

Gran claridad mental y una personalidad enérgica y decidida, con don de mando y capacidad para liderar en forma positiva a los demás. Puede dirigir empresas o negocios de gran envergadura. Enorme ambición y una voluntad inquebrantable que lo empujan siempre hacia adelante, lo que lo ayuda a alcanzar el éxito donde otros han fracasado.

Impresionará con su fuerte personalidad y magnetismo y será respetado por su integridad, valentía y sentido de la justicia.

Intensidad fuera de lo común, haga lo que haga, se entrega totalmente.

Si hay más números fuertes y autoritarios en el cuadro numerológico, posibles problemas de convivencia por exceso de ambición o porque se convierte en un dictador frío y destructivo. Si en cambio son números tolerantes y comprensivos, la personalidad se suaviza.

Acontecimientos

Vida útil y a menudo fuera de lo común. Frecuentemente la persona se dedica al servicio humanitario. Sus ideales de avanzada social, defensa del medio ambiente y protección a las personas indefensas lo convierten en una persona íntegra y comprometida que intentará mejorar las condiciones de vida de su entorno.

Hay posibilidad de viajes dentro o fuera del país, de relacionarse con extranjeros o establecerse en un lugar distinto al de su nacimiento.

Puede destacarse en el arte, la literatura o en cualquier campo de su elección porque es muy hábil y capaz.

Posee intuición y poderes paranormales o de sanación, aunque no lo crea, ni los use.

Tendrá una vida muy activa. Su ambición lo llevará a embarcarse siempre en nuevos proyectos. Aunque la ambición de lograr cosas materiales será importante, no debe olvidar que su prioridad debe ser el servicio humanitario.

★ ★ ★

Posibles destinos para la vibración de nacimiento 2

DESTINO 1

NACIMIENTO 2 + FIRMA 8 = DESTINO 1

Características

Números contradictorios que pueden crear desconcierto y bloqueos, impidiendo la libre expresión del potencial interno.

La firma aporta solidez, ambición y energía que aspira y lucha por el progreso material y profesional. Concede gran importancia al respaldo económico porque le preocupa enfrentarse a una emergencia sin recursos; por eso está dispuesto a sacrificarse y perseverar a hasta lograr lo que desea.

Sin embargo, el número de nacimiento lo inhibe y lo reprime, le da inseguridad, vacilación y complejos. Duda de su capacidad y esto le impide mostrar todo su potencial e incluso alcanzar sus objetivos. El resto de los números nos dirá cuál tendencia predomina.

La firma lo hace extremista y radical, algo profundamente desconcertante para una persona 2 prudente y comprensiva.

Obligación de servicio humanitario.

Acontecimientos

En este caso el pronóstico que atrae esta firma se hará realidad o no, dependiendo de cuál de las 2 tendencias predomina.

Vida interesante con posibilidades de éxitos alcanzados con su propio esfuerzo. Se hará a sí mismo, y si los demás números de su cuadro numerológico son los adecuados, alcanzará la meta de sus ambiciones.

Con esta firma se mostrará independiente y autosuficiente y tratará de imponer sus propias condiciones y su criterio.

Posibilidad de viajes y una vida activa, interesante y constructiva. Si logra liberarse de sus dudas e inseguridades (que vienen por la vibración de nacimiento) alcanzará la meta de sus ambiciones. En caso contrario frustración, resentimiento y amargura.

★   ★   ★

DESTINOS 11 Y 2

NACIMIENTO 2 + FIRMA 9 = DESTINO 11 O 2

Características

Espíritu altamente evolucionado con grandes ideales y con motivaciones de servicio muy profundas.

Generoso y noble, está siempre consciente de las necesidades ajenas, puede llegar a obsesionarse por resolver los problemas de la gente que lo rodea, descuidando sus propias necesidades. Si cumple con su obligación kármica de servicio, se ganará un lugar en el corazón y el recuerdo de los demás por sus buenas obras.

Idealista, soñador y visionario siente y vive el amor universal y luchará contra el maltrato, la manipulación, las arbitrariedades y las injusticias.

Estos números confieren una intuición muy desarrollada y a menudo facultades paranormales.

Nota: Este destino puede manifestarse de dos maneras, dependiendo del sentido que la persona haya dado a su vida.

Destino 2 - Acontecimientos

Si solo ha llevado una vida normal en la que su preocupación principal ha sido responder a obligaciones contraídas con su entorno más inmediato, su destino podría resumirse de esta manera:

Destino que no suele materializar las expectativas de lucimiento personal o logros materiales que la persona tiene.

Vida útil en la que puede ser de gran ayuda para los demás, pero a menudo los beneficios están ligados a otras personas por parentesco, sociedad o herencia, de manera que puede haber dependencia material o emocional.

Generoso y desinteresado, colaborará para que otros se destaquen, sin importarle ocupar un segundo plano.

A menudo habrá experiencias recurrentes, positivas o negativas.

Destinos 11 y 2 - Acontecimientos

Si ha dedicado su vida al servicio humanitario a través de cualquier profesión que le permita mejorar su entorno y contribuir a la felicidad y el bienestar de los demás, su destino puede resumirse de esta manera:

Experiencias fuera de lo común. Viajes, contactos importantes y conquistas excepcionales que pueden llevarlo a la cima de su entorno particular. Es un ser especial que se encuentra ante una encarnación de prueba que le exigirá el máximo. Se enfrentará a situaciones difíciles y deberá vencer muchos obstáculos y problemas, los cuales podrá dominar gracias a su inspiración y fortaleza interior. Estos retos templarán su espíritu y lo harán más humano, lo que lo ayudará a comprender y perdonar las debilidades ajenas.

Si se cumple este destino, la persona brilla con una luz especial, y deja una huella imborrable de su paso. Este destino trae a menudo soledad, pero una rica vida interior y plenitud espiritual.

★　★　★

Destino 3

NACIMIENTO 2 + FIRMA 1 = DESTINO 3

Características

Dulzura, comprensión, calor humano, reserva y prudencia son características propias del número 2 y en este caso la firma aporta seguridad en sí mismo, osadía, brillantez mental y ambición, algo que es muy necesario para esta persona ya que lo ayuda a soltarse, a confiar en sí misma y a fijarse metas muy altas. El 2 quiere pasar desapercibido y el 1 quiere destacar, de manera que dentro de la contradicción se produce un equilibrio.

Acontecimientos

Experiencias enriquecedoras, afortunadas y felices.

Muy buena opción para las actividades artísticas.

Existe la posibilidad de una vida entretenida y positiva en la que podrá tener importantes contactos sociales, viajar o relacionarse con personas influyentes. A veces esta mezcla de osadía y mesura permite que la persona se sitúe bien, sin atraer antagonismos.

Si la totalidad del cuadro está equilibrada, este destino tiene a veces golpes de suerte, de manera que puede lograr sus objetivos con más facilidad, pero debe cuidarse de la superficialidad o el despilfarro. A menudo, cuando las cosas no cuestan, no se aprecian ni se saben conservar.

Si en el resto del cuadro hay números negativos, este pronóstico no se cumple en su totalidad.

★ ★ ★

Destino 4

NACIMIENTO 2 + FIRMA 2 = DESTINO 4

Características

Cauto y sensato por partida doble, su timidez e inseguridad, sus miedos y autorrepresión pueden obstaculizar su progreso.

Concienzudo, responsable y exigente consigo mismo, tendrá dudas y temores infundados respecto a su capacidad.

Excelente persona, dulce, plácida y serena, irá lentamente hacia sus objetivos, tratando siempre de no herir ni perjudicar a nadie. Necesita vivir en un ambiente de paz y armonía, de lo contrario se desequilibra mental y emocionalmente.

Si estos números son maestros, será una persona especial y llena de luz, cuya meta en la vida será ayudar y servir sin pensar en sí misma.

Los bloqueos pueden impedirle sobresalir profesionalmente y alcanzar sus objetivos.

Acontecimientos

Es posible que alcance reconocimiento en el mundo profesional y estabilidad económica. El problema será que esto vendrá muy lentamente y solo después de un intenso trabajo, lucha y sacrificio.

El dinero será siempre importante porque necesita sentirse respaldado ante cualquier emergencia, pero debe intentar no obsesionarse con el trabajo y las responsabilidades porque corre el riesgo de que, a cambio de estos logros, su vida sea monótona y aburrida. Es una persona responsable que trata de responder siempre a lo que se espera de ella, a nivel familiar o profesional.

★ ★ ★

DESTINO 5

NACIMIENTO 2 + FIRMA 3 = DESTINO 5

Características

Números contradictorios que sin embargo se ayudan entre sí.

Hay una parte dulce, tímida, comprensiva y tierna que desea ayudar a solucionar los problemas ajenos. Tolerante con las debilidades humanas, su calor y compasión lo hacen entrañable, pero a menudo le falta fuerza para imponerse en el duro juego de la vida, porque no tiene seguridad en sí mismo. Como su firma le aporta vitalidad, entusiasmo, enorme curiosidad y simpatía, puede tener cambios de actitud o un comportamiento desconcertante para los demás.

Nota: En numerología sucede a veces que dos números pueden ser contradictorios y sin embargo atraer cosas positivas a la vida de la persona. En otros casos, aunque las contradicciones no le perjudiquen, la unión de estos dos números genera un destino difícil o negativo. En todo caso si sucede así o no, o en qué medida, dependerá del resto de los números que aparecen en el cuadro numerológico.

Acontecimientos

Este destino pronostica una vida activa e intensa, llena de variadas experiencias o cambios repentinos que pueden alterar el curso de los acontecimientos, pero desde luego no será una vida tranquila como la persona 2 desearía. Debe aprender a analizar y sopesar todas las alternativas y no actuar solo por inquietud, aburrimiento o impaciencia.

A menudo experimentará vivencias dolorosas o conflictivas, o dificultades y enfrentamientos a nivel profesional o familiar.

En ocasiones parece tener un imán que atrae problemas, merecidos o no.

★ ★ ★

Destino 6

NACIMIENTO 2 + FIRMA 4 = DESTINO 6

Características

Influencia positiva que se traduce en estabilidad, seriedad, capacidad de trabajo y esfuerzo, pero que crea bloqueos difíciles de superar.

Es una buena persona que da gran importancia a los lazos y responsabilidades familiares y personales.

De carácter tranquilo, serio y equilibrado, tiene grandes necesidades afectivas que le cuesta manifestar.

Severo y tierno, tolerante y exigente a la vez, casi siempre muy poco comunicativo, pero digno de confianza.

El dinero es importante porque le preocupa la posibilidad de enfrentarse al futuro sin recursos, pero estos números lo bloquean, le quitan dinamismo y a veces hacen que se ahogue en sus dudas y limitaciones.

Contradicciones muy acusadas.

A veces elude los enfrentamientos, busca la armonía y sigue la línea del menor esfuerzo, pero en otros momentos puede mostrarse perseverante, combativo y testarudo.

Los otros números del cuadro numerológico pueden mejorar o empeorar este pronóstico.

Nota: En numerología sucede a veces que dos números pueden ser contradictorios y sin embargo atraer cosas positivas a la vida de la persona, pero en otros casos como en este, la unión de estos dos números genera un destino difícil o negativo. En todo caso, si sucede así o no, o en qué medida, dependerá del resto de los números que aparecen en el cuadro numerológico.

Acontecimientos

En este caso, si estos números no están reforzados por otros activos y dinámicos, sus ambiciones no llegan a materializarse en un destino brillante porque los bloqueos pronostican una vida fluctuante y de altibajos, a nivel sentimental, económico o profesional.

Puede desperdiciar oportunidades por permitir que los sentimientos, la desidia o los compromisos familiares interfieran en sus planes o ambiciones. Puede perder motivación y comenzar proyectos con entusiasmo, pero rendirse cuanto las cosas se complican.

Se presentarán posibles cargas familiares u obligaciones que condicionan su vida, impidiéndole hacer, o ser, lo que hubiera querido.

★　★　★

Destino 7

NACIMIENTO 2 + FIRMA 5 = DESTINO 7

Características

Inquietudes y tendencias contradictorias que suelen crear desconcierto y comportamiento variable, pero que también se ayudan entre sí.

Timidez, prudencia, calma, estabilidad y dulzura (por el número de nacimiento) y agresividad, tensión, rebeldía e impaciencia (por el número de la firma). Ambas tendencias luchan por alcanzar primacía y, aunque suelen crear confusión y un comportamiento desconcertante, a veces pueden también equilibrar la balanza.

Introspectivo y solitario, suele ser muy reservado y celoso de su intimidad.

Inspirado, intuitivo y receptivo, tiene gran refinamiento interior, sensibilidad y profundidad. Sin embargo, para desconcierto suyo y de los que lo rodean, en ocasiones se muestra excesivamente impaciente o agresivo, generando mal ambiente o problemas a su alrededor.

Generoso y sensible a las necesidades ajenas. Demuestra fuertes motivaciones de servicio.

Acontecimientos

Destino ligado a la búsqueda de experiencias relacionadas con la cultura, el autoconocimiento y la espiritualidad.

A menudo pronostica una vida en la que la persona puede destacarse por su inteligencia o su profesión.

Habrá viajes, prestigio y vivencias interesantes y enriquecedoras, pero a veces el éxito puede ser más profesional que económico. Tal vez se relacione con personas importantes o influyentes.

Aunque puede emprender y lograr grandes cosas, estos números pronostican un destino solitario en el que hay más solteros, viudos o separados que en los demás. Puede ser incluso la soledad en compañía, porque, aunque sea brillante, la persona tiene dificultad para expresar sentimientos y es melancólica y solitaria por naturaleza.

★　★　★

Destino 8

NACIMIENTO 2 + FIRMA 6 = DESTINO 8

Características

Características muy similares a las del nacimiento y por lo mismo es difícil sobreponerse al bloqueo que suponen.

Timidez y emotividad por partida doble. La compasión, el tacto y la generosidad se unen en una personalidad humana y tierna que a la vez puede actuar de forma tajante, brusca, severa e intransigente, pero esto solo sucede cuando la persona ha sido maltratada o presionada al máximo, ya que normalmente tiene mucho aguante.

Sueña con una vida importante, social y económicamente, pero las contradicciones de su personalidad pueden frustrar estos sueños.

A veces es perseverante y testarudo, pero a menudo se bloquea con dudas, miedos e inseguridades. Puede faltarle empuje y audacia en momentos clave, o ceder a la parte perezosa y autocomplaciente que también lleva dentro, lo que lo hace rendirse cuando las cosas se ponen difíciles.

Acontecimientos

Este es un destino que puede llevar a la persona a lograr cualquier meta que se proponga. Presagia una vida laboriosa de ascenso constante, pero a veces pueden presentarse experiencias dolorosas o traumáticas en cualquier época de la vida.

Si firma de manera que atrae este destino desde niño, puede tener una infancia difícil: maltrato, abandonos, malos tratos, etcétera. Si no sucede esto en la infancia, puede ser en la vida adulta: separaciones, divorcios o grandes dolores morales.

Aunque estos números hablan de gran ambición y deseo de lograr cosas importantes en la vida, en este caso será difícil llegar tan alto como desea, porque los bloqueos, dudas e inseguridades suelen frenar su progreso y atraen a menudo altibajos.

★ ★ ★

Destino 9

NACIMIENTO 2 + FIRMA 7 = DESTINO 9

Características

Estos números conceden espiritualidad, intuición y facultades paranormales. Fortaleza moral, luz interior y un carisma especial, que permite vislumbrar la sabiduría interna y el compromiso de servicio adquirido como resultado de una larga trayectoria cósmica.

Mentalidad seria, reflexiva, profunda e intelectual, a menudo brillante, lo que enmascara su sensibilidad y su vulnerabilidad, porque a veces presenta una apariencia fría o indiferente, ya que le cuesta expresar sentimientos y suele ser muy introvertido y solitario.

Espíritu fino y delicado que disfruta con todas las cosas hermosas: una puesta de sol, un jardín, un cuadro, música, poesía, etcétera.

A veces sufrirá de depresiones y angustia vital. A menudo la obligación de servicio marca la vida y el comportamiento de la persona.

Acontecimientos

Vida útil y a menudo fuera de lo común, frecuentemente dedicada al servicio humanitario.

Sus ideales de avanzada social, defensa del medio ambiente y protección a las personas indefensas o con problemas lo convierten en un ser íntegro y comprometido que siempre intentará mejorar las condiciones de vida de su entorno.

Hay posibilidad de viajes o de establecerse en un lugar distinto al de nacimiento. Amplia gama de posibilidades profesionales.

Notable intuición y facultades paranormales que pueden atraerle prestigio y renombre.

Podría llegar a ser un gran maestro, un filósofo o un científico si los demás números del cuadro numerológico ayudan.

★   ★   ★

Posibles destinos para la vibración de nacimiento 3

Destino 1

NACIMIENTO 3 + FIRMA 7 = DESTINO 1

Características

Estos números representan una contradicción que en ciertos aspectos beneficia a la persona.

Ambos tienen el deseo de destacarse profesional y socialmente. Demuestran clase y elegancia innata que impulsan a la persona a vivir en un ambiente selecto, y a rodearse de personas refinadas e influyentes. Si estos números están muy reforzados, esnobismo.

El contraste y contradicción que representan consisten en que mientras una parte de la personalidad es profunda y analítica, seria y reflexiva, reposada y solitaria, la otra tiene una vena despreocupada, sociable y comunicativa que necesita alegría y contacto humano. Una tendencia ayuda a la otra para que no se aísle totalmente o para que la parte desenfadada y voluble no domine y desbarate sus opciones de éxito en la vida.

Acontecimientos

Llevará una vida interesante con posibles éxitos alcanzados por su propio esfuerzo o sus contactos sociales.

Hay posibilidad de viajes y de una vida activa y constructiva.

Tiene condiciones para llegar adonde quiera, y, si los demás números que acompañan a esta firma son los adecuados, materializará sus ambiciones. En caso contrario, habrá frustración, resentimiento y amargura.

Este destino suele traer suerte a la vida de la persona, oportunidades inesperadas o la ayuda de los demás.

★ ★ ★

Destinos 11 y 2

NACIMIENTO 3 + FIRMA 8 = DESTINO 11 O 2

Características

Números muy contradictorios. Gran ambición y deseo de ocupar una posición importante en la vida. No se conformará nunca con ser uno del montón y tratará de acercarse o emular a las personas que ocupan cargos importantes o que son triunfadores en cualquier campo. Serio, trabajador y responsable, tiene la capacidad para lograr estos objetivos, pero en ocasiones deberá vencer una tendencia a dejarse llevar, a no afrontar las situaciones difíciles o a caer en la superficialidad. Con dureza, autodisciplina y tenacidad, luchará contra una excesiva emotividad, debilidad, complejos, autocomplacencia o superficialidad.

El resto del cuadro numerológico dirá cuál tendencia dominará, porque los contrastes son muy acusados.

Nota: Este destino puede presentarse de dos formas distintas, dependiendo del sentido que la persona haya dado a su vida.

Destino 2 - Acontecimientos

Si ha llevado una vida normal en la que solo se ha preocupado de responder a obligaciones contraídas con su entorno más inmediato, su destino podría resumirse de esta manera:

Este destino no suele llenar las expectativas de lucimiento personal que la persona tiene.

Llevará una vida útil en la que puede ser de gran ayuda para sus allegados, pero a menudo los beneficios están ligados a los de otras personas por parentesco, sociedad o herencia, lo que significa dependencia material o emocional.

Generoso y desinteresado, colaborará para que otros brillen, sin importarle permanecer en un segundo plano.

A menudo se presentan experiencias que se repiten, positivas o negativas.

Destinos 11 y 2 - Acontecimientos

Por otra parte, si ha dedicado su vida al servicio humanitario a través de cualquier profesión que le permita mejorar su entorno y contribuir a la felicidad y el bienestar de los demás, su destino puede resumirse de esta manera:

Tendrá experiencias fuera de lo común. Viajes, contactos importantes y conquistas excepcionales que pueden llevarlo a la cima de su entorno particular. Es un ser especial que se encuentra ante una encarnación de prueba que le exigirá el máximo.

Se enfrentará a situaciones difíciles, obstáculos y problemas, los cuales podrá dominar gracias a su fortaleza interior. Estos retos templarán su espíritu y lo harán más humano, lo que lo ayudará a comprender los problemas y debilidades ajenas.

Cuando este destino se cumple, la persona brilla con una luz especial y deja una huella imborrable de su paso.

Este destino suele traer soledad, pero una rica vida interior y plenitud espiritual.

★ ★ ★

DESTINO 3

NACIMIENTO 3 + FIRMA 9 = DESTINO 3

Características

Estos números hablan de las motivaciones humanitarias de una persona generosa, dulce y tierna que puede transmitir mucha luz, amor y buenas vibraciones a su alrededor. Tiene mucho para dar y lo hace alegre y desinteresadamente.

Facilidad de palabra y gran poder de convencimiento. Gracias a su gran facilidad para conectarse con todo tipo de personas, logrará lo que se proponga sin violentar ni atropellar a nadie.

A menudo, la suerte acompaña a estos números pero, para que esto suceda, debe centrarse y sacarle partido a su talento, responsabilizarse y no seguir el camino fácil, creyendo que todo le está permitido.

Variadas e importantes aptitudes artísticas y una intensa motivación de servicio humanitario. Puede mostrarse superficial.

Acontecimientos

Experiencias enriquecedoras, afortunadas y felices.

Buena opción y disposición para las actividades artísticas.

Tiene la posibilidad de una vida entretenida en la que podría tener importantes contactos sociales, profesionales y viajar.

Cuidado con la superficialidad y el despilfarro, ya que a veces el buen pronóstico de este destino puede malograrse totalmente por fallos humanos o si en el resto del cuadro numerológico hay números negativos, lo que también puede impedir que se cumplan los buenos pronósticos. Puede atraer grandes cosas, pero si no se centra o permite que la superficialidad domine, puede malograrlo todo.

★ ★ ★

Destino 4

NACIMIENTO 3 + FIRMA 1 = DESTINO 4

Características

Como estos números tienen características muy similares, se acentúa el potencial artístico y creativo, la originalidad y la independencia. Gran facilidad de comunicación, inteligencia y brillantez.

Activo, autosuficiente y libre de prejuicios, tiene una mentalidad ambiciosa y optimista, abierta y extrovertida, que desea vivir libre e intensamente, sin interferencias ni dominio de ningún tipo.

Estos números dan una gran facilidad para las actividades artísticas e intelectuales y además una enorme facilidad para solucionar cualquier tipo de problemas.

Tendrá metas serias para las cuales la estabilidad económica es importante.

Acontecimientos

Es posible que alcance reconocimiento en el mundo profesional y además estabilidad económica, pero el problema será que esta bonanza vendrá muy lentamente y solo después de una vida de intenso trabajo y sacrificio.

El dinero será importante para esta persona porque necesita sentirse respaldada ante cualquier emergencia, pero debe evitar obsesionarse con el trabajo y las responsabilidades, porque corre el riesgo de que a cambio de estos logros su vida sea monótona y aburrida, algo totalmente contradictorio y negativo para las características que estos números imprimen a su personalidad.

★ ★ ★

Destino 5

nacimiento 3 + firma 2 = destino 5

Características

Números muy contradictorios. Hay una parte, comprensiva, tímida, dulce y tierna, cuya mayor aspiración es solucionar los problemas y necesidades ajenas, vivir en paz y a menudo pasar desapercibida. La otra parte es vital, optimista, alegre, desenfadada y quiere vivir libremente y no enfrentarse a ningún tipo de problemas ni restricciones.

Tolerante con las debilidades humanas, su calor y compasión lo hacen entrañable, pero normalmente sufre de una gran tensión interna y a veces se muestra tenso y nervioso, impaciente e irritable.

Su curiosidad, vitalidad y entusiasmo le piden vivir intensamente, entonces desaparece la persona insegura y reprimida, lo que crea confusión interna y un comportamiento desconcertante.

Nota: En numerología sucede a veces que dos números pueden ser contradictorios y sin embargo atraer acontecimientos positivos a la vida de la persona, o como en este caso, pueden ser números compatibles y sin embargo generar un destino difícil o negativo.

Acontecimientos

En este caso, es posible que las ambiciones y aspiraciones no lleguen a materializarse en un destino brillante. Aunque pronostica una vida activa, intensa y llena de variadas experiencias o cambios repentinos que pueden alterar el curso de los acontecimientos, no será una vida tranquila.

Debe aprender a analizar y sopesar todas las alternativas y no actuar solo por inquietud, aburrimiento o impaciencia, porque esto genera vivencias dolorosas y traumáticas.

Habrá problemas o enfrentamientos a nivel profesional o familiar.

Vida difícil o conflictiva. A menudo parece tener un imán que atrae problemas merecidos o no.

★ ★ ★

Destino 6

NACIMIENTO 3 + FIRMA 3 = DESTINO 6

Características

Gran poder de seducción, encanto y simpatía que le permiten influir en los demás, ya que, conscientemente o no, es un manipulador nato al que todo se le perdona porque es encantador.

Alegre, sociable y animoso, su fe y optimismo alejan los pensamientos negativos y hasta en los momentos más difíciles conserva la ilusión y la seguridad de que todo saldrá bien.

Su fascinante personalidad y talento artístico, su facilidad de palabra y creatividad, pueden llevarlo muy lejos, solo si a estos números tan desenfadados le acompañan otros más serios, responsables y prácticos.

A menudo tiene suerte, y por esto puede llegar a creer que todo le está permitido. Cómodo y autoindulgente puede arruinar sus buenas expectativas siguiendo el camino más fácil.

Acontecimientos

Es posible que en este caso la doble aparición de un número tan positivo, dinámico y brillante no llegue a materializarse en un destino sobresaliente porque le falta estabilidad, firmeza y solidez. La falta de un piso sólido le puede atraer un destino variable y de altibajos, sentimental, profesional o económicamente.

Dejará pasar oportunidades, si permite que los sentimientos, la desidia o la vida familiar interfieran en sus proyectos. Tiende a comenzar sus planes con gran entusiasmo, pero no persevera cuando las cosas se complican.

Hay obligaciones o cargas familiares que pueden condicionar su vida, impidiéndole ser o hacer lo que hubiera querido.

Este suele ser un destino de altibajos.

★   ★   ★

Destino 7

NACIMIENTO 3 + FIRMA 4 = DESTINO 7

Características

Números contradictorios. Alternará entre la vitalidad, la gracia y el optimismo del 3, y la prudencia, e incluso la represión, del 4.

A veces parecerá una persona reposada, silenciosa y muy responsable, incluso reprimida, y sin embargo, sentirá también la necesidad de comunicarse y de vivir libre e intensamente.

Si su parte optimista predomina, sus estados emocionales (negativos o pesimistas) no durarán mucho. Sin embargo, cuando predomina su parte fría, analítica y racional, se aísla de los demás.

Solitario e introspectivo, a veces puede tener dificultad para expresar sentimientos, pero será siempre una persona fina, delicada, intuitiva y con una profunda vida interior.

Acontecimientos

Vivencias centradas en la búsqueda de experiencias ligadas a la cultura, el autoconocimiento y la espiritualidad.

A menudo pronostica una vida interesante, y la persona puede destacarse por su inteligencia y conocimientos. Hay viajes, prestigio y vivencias interesantes y enriquecedoras, más a nivel profesional que económico.

Posible relación con personas influyentes, pero este será casi siempre un destino solitario. Siendo a menudo una persona grave e introvertida a la que le cuesta expresar sentimientos, en este destino hay más solterones, viudos y divorciados que en otros, e incluso en algunos casos da la soledad en compañía.

★   ★   ★

Destino 8

NACIMIENTO 3 + FIRMA 5 = DESTINO 8

Características

Números fuertes y contradictorios que deben manejarse con cuidado. De lo contrario, el control de sí mismo o de las situaciones se le escapará de las manos.

Intenso y vehemente, no conoce los términos medios y puede llegar a cualquier extremo por satisfacer sus deseos.

Optimista, impaciente y temerario, no sabe esperar y puede correr riesgos disparatados o dejarse llevar por su temperamento, creando situaciones conflictivas.

Ambiciosos objetivos de lograr una posición económica y social destacada. Solo podrá lograrlo si se serena, se centra y persevera. Habrá posibles problemas de convivencia, merecidos o no.

Si no hay números equilibrados en otras partes del cuadro numerológico, dominarán sus impulsos y malogrará sus oportunidades.

Acontecimientos

Gracias a su capacidad ejecutiva puede alcanzar lo que se proponga en el campo industrial, comercial, político o financiero.

El éxito, poder, dinero o influencia pueden ser suyos porque sus planes son muy ambiciosos y no le importa trabajar duro para lograrlos.

Tiene un olfato comercial que le permite descubrir las oportunidades y arriesgarse, cuando está seguro de ganar.

Puede llegar muy alto pero perderlo todo por exceso de ambición, intransigencia o arrebatos en los que puede tomar decisiones tajantes y definitivas. Posibles experiencias dolorosas o traumáticas en cualquier época de la vida.

El dinero será importante para esta persona porque le preocupa enfrentarse a una emergencia sin recursos.

Podrá destacarse en los negocios no solo por su olfato comercial y su enorme capacidad de trabajo sino por su gran ambición.

★ ★ ★

Destino 9

NACIMIENTO 3 + FIRMA 6 = DESTINO 9

Características

Estos números otorgan grandes aptitudes artísticas que abarcan todas las ramas del arte.

Como también representan el amor, la generosidad y la entrega a todas las personas con problemas, le atraen también todas las profesiones relacionadas con el servicio público o social.

Bondadoso, amistoso, optimista y hospitalario, suele ser cómodo y autocomplaciente. Se niega a complicarse la vida o enfrentarse a los problemas, por lo que muchas veces no le saca partido a sus muchas aptitudes.

Personalidad dulce y agradable, con un intenso sentido de responsabilidad familiar. Los sentimientos son su talón de Aquiles y los problemas emocionales son lo único que obsesionan o alteran su plácido temperamento.

Posee mucha intuición y posibles poderes paranormales.

Acontecimientos

Vida útil y a menudo fuera de lo común, en la que la persona dedica sus mejores esfuerzos al servicio humanitario. Sus ideales de avanzada social, defensa del medio ambiente y de las personas con problemas, lo convertirán en un ser comprometido que intentará mejorar las condiciones de vida de su entorno.

Existe la posibilidad de viajes cortos o largos, o de establecerse en un lugar distinto al de su nacimiento.

Si no hay números centrados y perseverantes en el resto del cuadro numerológico, puede malograr las posibilidades que le otorga su talento artístico, permitiendo que la bohemia y la autocomplacencia lo dominen.

★ ★ ★

Posibles destinos para la vibración de nacimiento 4

Destino 1

NACIMIENTO 4 + FIRMA 6 = DESTINO 1

Características

Números que no solo son contradictorios, sino que además crean un bloqueo difícil de superar.

Seriedad, orden y sentido práctico por el nacimiento. Valoración del dinero y de lo que él representa. Concienzudo y sensato, no se arriesga imprudentemente y solo confía en lo que puede comprobar por sí mismo.

Trabajador infatigable y diligente, nunca elude su responsabilidad y está dispuesto a sacrificarse para conseguir sus objetivos.

Sin embargo, la firma muestra una faceta totalmente opuesta.

Cómodo y autocomplaciente, a menudo se desalienta cuando las cosas se ponen difíciles. Comienza con buenos propósitos pero va perdiendo la fuerza o la motivación. La indolencia, o simple pereza, le harán difícil alcanzar la seguridad y estabilidad que su otra parte necesita.

Introvertido y hermético, y a la vez emotivo y vulnerable, le cuesta expresar sentimientos y suele obsesionarse con los problemas emocionales.

A menudo hay cargas familiares que condicionan la vida de la persona.

Nota: Para que este destino se realice, deben aparecer números muy abiertos y eficaces en el resto del cuadro numerológico. De lo contrario, es muy difícil que los bloqueos y altibajos de su personalidad lo permitan.

Acontecimientos

Vida interesante con posibilidad de éxitos alcanzados con su propio esfuerzo.

Su parte fuerte y autosuficiente tratará siempre de imponer su criterio y sus condiciones.

Existe la posibilidad de viajes y de una vida interesante, constructiva y activa.

Se hará a sí mismo y, si los demás números son los adecuados, alcanzará la meta de sus ambiciones. En caso contrario, habrá frustración, resentimiento y amargura.

Este destino augura grandes logros y una vida muy interesante que sus propios bloqueos pueden malograr.

★ ★ ★

DESTINOS 11 Y 2

NACIMIENTO 4 + FIRMA 7 = DESTINO 11 O 2

Características

Números muy contradictorios. Divididos entre la necesidad de alcanzar seguridad material, conocimiento interior y, a la vez, de encontrar una manera de servir a los demás.

Mentalidad seria, reflexiva, analítica y ordenada; muy práctica y realista, pero a la vez profunda, espiritual y elevada.

Suspicaz y desconfiado a veces, solo cree en lo que puede comprobar por sí mismo o tiene una base científica, y a la vez siente una fuerte inclinación (a veces no reconocida) por las cosas místicas, espirituales o paranormales.

Si en el resto del cuadro numerológico no hay números activos, será una persona tan excesivamente tranquila, reflexiva y pasiva que a veces se sentirá asfixiada por sus dudas, su pesimismo, sus limitaciones o inseguridades.

Padecerá incomunicación y dificultad para expresar sus sentimientos, angustia y posibles depresiones.

Nota: Estos números atraen dos posibilidades de destino, dependiendo de los números que acompañan a la firma y al nacimiento, y del sentido que la persona haya dado a su vida.

Destino 2 - Acontecimientos

Si el cuadro está muy agobiado por números bloqueados, duros o pasivos, o si la persona solo ha llevado una vida en la que su única preocupación ha sido responder a obligaciones contraídas con su entorno más inmediato, su destino podría resumirse de esta manera:

Este destino no suele llenar las expectativas de lucimiento éxito y logros materiales que la persona desea.

Vida útil en la que puede ser de gran ayuda para otros. A menudo los beneficios están ligados a otras personas, por herencia, parentesco o sociedad. En otras palabras, puede haber dependencia material o emocional.

Generoso y sencillo, colaborará para que otras personas se destaquen, sin importarle permanecer en un segundo plano. A veces experimenta sucesos recurrentes, positivos o negativos.

Destinos 11 y 2 - Acontecimiento

En cambio, si ha dedicado su vida al servicio humanitario a través de cualquier profesión que le permita mejorar su entorno y contribuir a la felicidad o el bienestar de los demás, su destino puede resumirse de esta manera:

Experiencias fuera de lo común. Viajes, contactos importantes y conquistas excepcionales que pueden llevarlo muy alto.

Es un ser especial que se encuentra ante una encarnación de prueba que le exigirá el máximo. Se enfrentará a situaciones difíciles y deberá vencer muchos obstáculos y problemas, los cuales dominará gracias a su inspiración y fortaleza interior. Estos retos templarán su espíritu, lo que lo ayudará a comprender los problemas y dificultades ajenas.

Cuando se cumple este destino, la persona brilla con una luz especial y deja una huella imborrable de su paso. Este destino trae a veces soledad, pero una rica vida interior y plenitud espiritual.

★ ★ ★

DESTINO 3

NACIMIENTO 4 + FIRMA 8 = DESTINO 3

Características

Persistencia y tenacidad inquebrantables que aplicará a sus ambiciones y proyectos.

La seguridad económica será muy importante y siempre necesitará sentirse respaldado ante cualquier emergencia.

Perseverante y trabajador, no le importa sacrificarse para lograr sus objetivos y en ocasiones puede llegar a ser obseso del trabajo y las responsabilidades. Enorme poder de recuperación, puede caer, pero siempre volverá a levantarse y a luchar.

Condiciones especiales para sobresalir en el mundo de las finanzas o los negocios. Testarudez, dureza, intransigencia y carácter dictatorial a veces. Seriedad excesiva, dificultad para relacionarse. Rectitud, honestidad y sentido de la justicia. Va de manera clara y directa por la vida, pero exige lo mismo de los demás.

Posee poderes de sanación que puede aplicar a través de las manos o haciendo uso de terapias naturales: masaje, acupuntura, cristales, yerbas, etcétera.

Esta persona no conoce los términos medios y, aunque tiene una gran capacidad de aguante, puede romper tajantemente con lo que sea o con quien sea, cuando ha sido provocado al máximo.

Acontecimientos

Si en el resto del cuadro hay números activos y dinámicos, tendrá experiencias afortunadas, enriquecedoras y felices. Si tiene alguna inclinación artística, deberá manifestarla a través de sus manos.

Posible vida interesante y productiva en la que podrá tener importantes contactos sociales, profesionales o viajar.

Necesita el respaldo y seguridad que da el dinero y, gracias a su férrea voluntad y ambición, puede llegar a lograr lo que desea, aunque corre el peligro de arriesgarlo todo por intransigencia, por tomar decisiones tajantes y definitivas, o por permitir que su intensidad lo lleve a cometer excesos.

Destino 4

NACIMIENTO 4 + FIRMA 9 = DESTINO 4

Características

Estos números dan fuerza, consistencia y testarudez.

Al tener un carácter muy rígido y severo, y un profundo sentido de la justicia, sentirá la necesidad de luchar por las personas oprimidas o injustamente tratadas. Si existen otros números duros o intransigentes en el resto del cuadro numerológico, llegará a cualquier extremo, incluso de violencia, para defender los derechos ajenos. Por el contrario, los números suaves y flexibles ayudarán a suavizarlo y pacificarlo.

Con un cuadro equilibrado puede sobresalir como un líder que lucha por alcanzar beneficios para todo un colectivo social.

La unión de estos números representa una mezcla de intuición y positivismo, de moderación y osadía. Sentirá la necesidad de que haya orden y control en su vida y, a la vez, libertad y autodeterminación.

Acontecimientos

Es posible que alcance reconocimiento en el mundo profesional y a la vez estabilidad económica.

El problema será que esto le vendrá muy lentamente y solo después de una vida de intenso trabajo y sacrificio.

El dinero será siempre importante porque necesita sentirse respaldado ante cualquier emergencia, pero debe evitar obsesionarse con el trabajo y las responsabilidades porque corre el riesgo de que a cambio de esa estabilidad económica su vida sea monótona y aburrida.

Gran sentido de responsabilidad hacia las personas que dependen de él. Es como una torre a la cual se puede recurrir y apoyarse en caso de necesidad.

★   ★   ★

Destino 5

NACIMIENTO 4 + FIRMA 1 = DESTINO 5

Características

En estos números se unen características muy dispares y contradictorias.

Por una parte, tiene don de mando, ingenio y fuerte personalidad. Inteligente, original e independiente, en ocasiones la ambición guía sus pasos y puede arriesgarse temerariamente porque no conoce límites.

Sin embargo, es posible que estos impulsos sean frenados o ahogados a veces por su otra faceta, lenta, reflexiva, prudente e incluso pesimista, ya que estos pensamientos negativos y restrictivos lo limitan y anulan su capacidad.

Como se puede ver, estas contradicciones ayudan a la persona porque abren su parte cerrada y restrictiva, y en otros momentos lo frenan, lo centran y lo responsabilizan.

Nota: En numerología sucede a veces que dos números pueden ser contradictorios y, sin embargo, atraer acontecimientos positivos a la vida de la persona, o, como en este caso, pueden ser números que se ayudan en cuanto a la personalidad, pero que generan un destino difícil o negativo.

Acontecimientos

En este caso, es posible que las ambiciones no lleguen a materializarse en un destino estable o brillante, ya que pronostica una vida activa, intensa y llena de variadas experiencias o cambios repentinos que pueden alterar el curso de los acontecimientos. Ante todo no será una vida tranquila.

Debe aprender a analizar y sopesar todas las alternativas y no actuar solo por inquietud, aburrimiento o impaciencia, porque esto únicamente generará vivencias dolorosas o conflictivas. Habrá problemas o enfrentamientos a nivel familiar, profesional o sentimental. A menudo parece tener un imán que atrae vivencias difíciles, merecidas o no.

★ ★ ★

DESTINO 6

NACIMIENTO 4 + FIRMA 2 = DESTINO 6

Características

Números contradictorios que aportan buenas características a la personalidad pero que crean bloqueos difíciles de superar.

Se trata de una buena persona que da gran importancia a los lazos y responsabilidades familiares y profesionales.

Carácter tranquilo, serio, equilibrado y responsable, con grandes necesidades afectivas que le cuesta manifestar. Severo y tierno, tolerante y exigente a la vez, a menudo muy poco comunicativo, pero siempre una persona de confianza.

Aunque el dinero es importante para él, suele ser lento y le falta empuje y dinamismo, o puede ahogarse en sus dudas y limitaciones cuando debería arriesgarse.

Contradicción muy acusada. A veces intentará eludir los enfrentamientos y seguirá la línea del menor esfuerzo, pero en otros momentos se mostrará perseverante y combativo. Los demás números del cuadro numerológico pueden mejorar o empeorar este pronóstico.

Nota: En numerología sucede a veces que dos números pueden ser contradictorios y sin embargo atraer acontecimientos positivos a la vida de la persona, pero en otros casos, como en este, aunque la contradicción ayude a la personalidad, genera un destino difícil o negativo. En todo caso, si se producen o no los acontecimientos, o en qué medida, dependerá del resto del cuadro numerológico.

Acontecimientos

En este caso, si estos números no están reforzados por otros más activos y dinámicos, las ambiciones no llegarán a materializarse en un buen destino porque los bloqueos pronostican una vida de altibajos a nivel sentimental, económico o profesional.

Puede desperdiciar oportunidades si permite que los sentimientos, la desidia o las cargas familiares interfieran en sus proyectos o ambiciones.

A veces no persevera y se rinde cuando las cosas se complican.

Tiene posibles obligaciones o cargas familiares que condicionan su vida, impidiéndole ser o hacer lo que hubiera querido.

★　★　★

Destino 7

NACIMIENTO 4 + FIRMA 3 = DESTINO 7

Características

Números que producen reacciones contradictorias pero que no son excesivamente negativas. Alternará entre la vitalidad y el optimismo de uno y la prudencia e incluso la represión del otro.

Parecerá a veces una persona reposada, incluso reprimida. Sin embargo sentirá también la necesidad de vivir libremente y comunicarse.

Cuando predomina la parte positiva, sus estados emocionales (negativos o pesimistas) no durarán mucho. Sin embargo, su mente fría, analítica y racional a menudo lo aislará de los demás. Solitario e introvertido a veces, puede tener dificultad para expresar sentimientos y puede debatirse entre la realidad y el idealismo.

Acontecimientos

Vivencias centradas en la búsqueda de experiencias ligadas a la cultura, el autoconocimiento y la espiritualidad.

A menudo, si hay números más abiertos en el cuadro, pronostica una vida interesante en la que puede destacarse por su inteligencia y conocimientos.

Hay posibilidades de viajes, prestigio y vivencias interesantes, más a nivel profesional que económico.

Posible relación con personas influyentes, pero será casi siempre un destino solitario. Ya que suele ser una persona grave e introvertida a la que le cuesta expresar sentimientos, en este destino hay más solterones, viudos o separados que en ningún otro. A veces se da la soledad en compañía, pero en muchos casos esta soledad no pesa, porque a menudo la persona necesita conectarse con su propio interior.

★ ★ ★

DESTINO 8

NACIMIENTO 4 + FIRMA 4 = DESTINO 8

Características

Números muy fuertes y acentuados tanto para lo negativo como para lo positivo.

Difícilmente lo mueven otros objetivos que no sean serios, prácticos y materialistas. Método, orden y capacidad de trabajo, unidas a una voluntad inquebrantable y una gran ambición, lo ayudarán a conseguir sus objetivos.

Como admira el éxito y los logros materiales, simpatiza con las personas famosas e influyentes y, aunque haya nacido en condiciones precarias, siempre intentará elevarse sobre sus orígenes.

El dinero es importante porque necesita sentirse protegido de cualquier eventualidad. Cauto y prudente, solo se arriesgará cuando esté seguro de ganar.

A veces duro, rígido, exigente y extremadamente testarudo, puede ser criticado y resentido porque exige mucho de los demás, pero nunca más de lo que él mismo da. Serio y taciturno, le cuesta expresar sentimientos y puede parecer aburrido o inaccesible.

Posee importantes poderes de sanación en la medicina tradicional o alternativa, primordialmente a través de las manos.

Acontecimientos

Si en el resto del cuadro numerológico hay números activos y dinámicos, puede alcanzar cualquier meta en cualquier campo, pero especialmente en el comercial o financiero si sabe sacarle partido a sus muchas cualidades, su ambición y su perseverancia.

Tiene olfato comercial. Descubrirá oportunidades que otros no ven, y solo se arriesgará cuando lo tenga todo controlado.

Vivirá una vida laboriosa y de ascenso constante porque siempre habrá una nueva meta que alcanzar.

A veces, las experiencias dolorosas o traumáticas en cualquier época de la vida marcarán a la persona.

Podría llegar muy alto, pero existe el riesgo de perderlo todo por exceso de ambición, intransigencia o arrebatos en los que puede tomar decisiones tajantes y definitivas.

★ ★ ★

Destino 9

NACIMIENTO 4 + FIRMA 5 = DESTINO 9

Características

Números muy contradictorios. El impulso y la reflexión se unen creando a veces conflictos entre el temperamento, las emociones y el sentido común.

Sus objetivos e ideales están inspirados por la energía positiva que genera una parte de sus números y la seriedad, la prudencia y la cordura que recibe por la otra. Una parte es nerviosa agresiva y extraordinariamente impaciente, actúa atolondrada e irreflexivamente, guiada solo por sus impulsos. La otra, no da un paso que no haya sido analizado y sopesado cuidadosamente, hasta el extremo de inhibirse a la hora de actuar.

El resto de sus números inclinarán la balanza en un sentido u otro, y si logra ese equilibrio tendrá una vida muy provechosa.

Acontecimientos

Tendrá una vida útil y fuera de lo común. Frecuentemente la persona dedica sus mejores esfuerzos al servicio humanitario. Sus ideales de avanzada social, defensa del medio ambiente y protección a las personas indefensas lo convertirán en una persona íntegra y comprometida, que intentará mejorar las condiciones de vida de su entorno.

Se presentan posibles viajes dentro o fuera del país, o la posibilidad de establecerse en un lugar distinto al de su nacimiento, de relacionarse con el extranjero o con extranjeros.

Puede destacarse en el arte o en cualquier campo, porque es muy hábil y capaz.

Posible intuición o poderes paranormales que no usa, porque a veces duda de ellos, o no cree que los tenga.

★   ★   ★

Posibles destinos para la vibración de nacimiento 5

DESTINO 1

NACIMIENTO 5 + FIRMA 5 = DESTINO 1

Características

Carácter inquieto, fogoso e impaciente que se vuelca enteramente en todo lo que hace, porque su máxima aspiración es vivir intensamente, eludiendo la rutina y el aburrimiento.

Extraordinariamente independiente, individualista y audaz, valora la libertad ante todo y necesita sentirse libre en todos los sentidos.

La enorme energía que generan estos números equivale a tener un motor superacelerado que necesita frenarse.

Inteligente, polifacético y creativo tiene tantas inquietudes e intereses que su mente está llena de proyectos que a veces resultan demasiado audaces o poco prácticos porque puede actuar sin medir las consecuencias.

Su carácter temperamental, brusco y agresivo puede traerle problemas de convivencia. No acepta yugo, componendas ni dominio de ninguna clase.

Extraordinariamente perceptivo, "siente" las energías ambientales y de las personas.

Acontecimientos

Esta firma pronostica una vida muy intensa y activa, llena de variadas experiencias o cambios repentinos que pueden alterar el curso de los acontecimientos, pero desde luego no será una vida monótona ni tranquila. Tendrá que aprender a analizar y sopesar todas las alternativas y no actuar solo por inquietud, aburrimiento o impaciencia.

A menudo sufre vivencias dolorosas o conflictivas, y problemas o enfrentamientos a nivel profesional o familiar. En ocasiones parece tener un imán que atrae problemas, merecidos o no, a veces por exceso de franqueza o falta de tacto.

Si logra dominar su temperamento puede tener una vida activa, productiva e importante, con viajes y experiencias positivas. Logrará lo que quiera con su propio esfuerzo.

★ ★ ★

DESTINOS 11 Y 2

NACIMIENTO 5 + FIRMA 6 = DESTINO 11 O 2

Características

Números muy contradictorios.

Demuestra nervios, tensión, impaciencia e incluso agresividad que pueden traerle problemas de convivencia, a la vez que la familia, la paz y el equilibrio interior son sus principales motivaciones. A menos que existan números opuestos en su cuadro numerológico, luchará por tener un hogar estable y feliz.

Un fuerte impulso lo inclinará a la acción y a tener una vida activa, aunque a veces sentirá la tentación de seguir la línea del menor esfuerzo y evitar el empeño y la lucha; cuando las cosas parecen difíciles, tiende a tirar la toalla o seguir la línea del menor esfuerzo.

Contradicciones o altos y bajos en las reacciones y el comportamiento. A veces dominarán los nervios y la impaciencia, y en otras ocasiones actuará de una manera pasiva, tranquila y equilibrada. El resto de los números indicará cuál tendencia predominará.

Nota: Estos números atraen dos posibilidades de destino dependiendo de los números que acompañan a la firma y al nacimiento, y del sentido que la persona haya dado a su vida.

Destino 2 - Acontecimientos

Si el cuadro está muy agobiado por números pasivos, o si ha llevado una vida en la que su única preocupación ha sido responder a obligaciones con su entorno más inmediato, su destino podrá resumirse de la siguiente manera:

Este destino no suele llenar las expectativas de lucimiento que la persona desea.

Tendrá una vida útil en la que puede ser de gran ayuda para otros. A menudo los beneficios estarán ligados a otras personas por herencia, parentesco o sociedad, o sea que puede haber dependencia material o emocional.

Generoso y sencillo, colaborará para que otras personas se destaquen, sin importarle permanecer en un segundo plano.

A veces experimenta sucesos recurrentes, positivos o negativos.

Destinos 11 y 2 - Acontecimientos

En cambio, si ha dedicado su vida al servicio humanitario a través de cualquier profesión que le permita mejorar su entorno y contribuir a la felicidad o el bienestar de los demás, su destino puede resumirse de esta manera:

Experiencias fuera de lo común, como viajes, contactos importantes y conquistas excepcionales que pueden llevarlo muy alto.

Es un ser especial que se encuentra ante una encarnación de prueba que le exigirá el máximo. Se enfrentará a situaciones difíciles y deberá vencer muchos obstáculos y problemas, los cuales dominará gracias a su inspiración y fortaleza interior. Estos retos templarán su espíritu, lo que lo ayudará a comprender los problemas y debilidades ajenas.

Cuando se cumple este destino, la persona brilla con una luz especial y deja una huella imborrable de su paso.

Este destino trae a veces soledad, pero una rica vida interior y plenitud espiritual.

★　★　★

DESTINO 3

NACIMIENTO 5 + FIRMA 7 = DESTINO 3

Características

Números contradictorios que crean altibajos en el comportamiento y desconcierto interno al sentirse motivado por impulsos opuestos.

A veces se muestra profundo, analítico, serio e introspectivo, y en otros momentos, cuando lo dominan los nervios (que a veces tiene a flor de piel), lo consumen la impaciencia y la tensión. En consecuencia, se muestra agresivo y alterado, con lo cual rompe la serenidad y el equilibrio interior que necesita.

Posee una enorme curiosidad: quiere conocerlo y experimentarlo todo, empezando por sí mismo.

Muy sensible, intuitivo y perceptivo, capta las energías ambientales y de las personas, debería confiar en sus corazonadas.

Inteligente y perspicaz, generalmente es una persona más mental que emocional y rara vez lo motivan los objetivos materiales. Solo desea vivir intensa y cómodamente, y que su vida esté llena de variadas experiencias.

Acontecimientos

Si en el cuadro numerológico hay además números equilibrados y perseverantes, esta firma atrae experiencias enriquecedoras, afortunadas y felices.

Buenas perspectivas para las actividades artísticas.

Tendrá, posiblemente, una vida entretenida en la que podrá tener importantes contactos sociales y viajar.

Cuidado con la superficialidad o el despilfarro que puede malograr los buenos pronósticos que vaticina este destino. Puede perderlo todo por debilidades o errores personales.

★ ★ ★

Destino 4

NACIMIENTO 5 + FIRMA 8 = DESTINO 4

Características

Números muy fuertes y contradictorios. Tenso, temperamental e impaciente, puede atraer problemas de convivencia cuando aparece su lado agresivo. Otras veces muestra un total autocontrol y puede dominar cualquier situación.

Formidablemente equipado con una voluntad de hierro y una enorme capacidad de trabajo, podrá lograr lo que quiera si hace uso de su capacidad de organización, su inteligencia y olfato comercial y, sobre todo, si logra dominar su impaciencia y sus reacciones extremas, que a veces lo convierten en una persona rígida y exigente, o excesivamente temperamental.

Tiene metas muy ambiciosas asentadas en lo terreno y material. Necesita sentirse protegido y el dinero le da seguridad.

Muy intenso, se entrega a todo con gran vehemencia y no conoce los términos medios. Suele tener autocontrol, pero si es hostigado al máximo, puede reaccionar violentamente y tomar decisiones tajantes y definitivas.

Estos números conceden poderes de sanación a través de la medicina tradicional o alternativa, y especialmente a través de las manos.

Acontecimientos

Si en el resto del cuadro numerológico aparecen números activos y dinámicos, es posible que alcance reconocimiento en el mundo profesional, y a la vez estabilidad económica.

El problema será que esto le vendrá muy lentamente y solo después de una vida de intenso trabajo y sacrificio.

El dinero será siempre importante, pero debe cuidar de no obsesionarse con el trabajo y las responsabilidades, porque corre el riesgo de que a cambio de esos logros, su vida sea monótona y aburrida.

★   ★   ★

DESTINO 5

NACIMIENTO 5 + FIRMA 9 = DESTINO 5

Características

Ninguna libertad es demasiada para esta alma rebelde, inquieta y ávida de vivir al máximo todas las experiencias.

Sus pensamientos y sus reacciones son casi siempre mentales e instantáneos, y no suele entregarse ni involucrarse nunca del todo a nivel emocional.

Nervios, imaginación y tensión constantes.

Enorme curiosidad que puede llevarlo por muchos caminos hasta encontrar el definitivo, o puede no encontrarlo nunca y saltar de una actividad a otra sin perseverar en nada. Valiente, audaz y arriesgado, actúa por impulso y a veces no mide las consecuencias de sus actos.

Extraordinariamente intuitivo y perceptivo, capta fácilmente las energías de su entorno y de las personas.

Reacciona instantánea y temperamentalmente a todos los estímulos, y puede atraer problemas de convivencia.

Necesidad de libertad total y absoluta en todos los sentidos.

Acontecimientos

Si no aparecen números equilibrados y responsables, esta firma pronostica una vida activa, tensa y llena de variadas experiencias o cambios repentinos que pueden alterar el curso de los acontecimientos, desde luego no será una vida tranquila.

Debe aprender a analizar y sopesar todas las alternativas y no actuar solo por inquietud, aburrimiento o impaciencia.

A menudo experimentará vivencias dolorosas o conflictivas con enfrentamientos a nivel profesional o familiar.

Puede encontrar equilibrio y felicidad dedicado a labores humanitarias porque siente los problemas y necesidades ajenas muy intensamente.

En ocasiones este destino parece tener un imán que atrae problemas, merecidos o no.

★　★　★

Destino 6

NACIMIENTO 5 + FIRMA I = DESTINO 6

Características

Estos números revelan un carácter inquieto, fogoso e impaciente que se vuelca enteramente en todo lo que hace, porque su máxima aspiración es vivir intensamente, eludiendo la rutina y el aburrimiento.

Extraordinariamente independiente e individualista, valora la libertad ante todo. Inteligente, polifacético y creativo, tiene tantas inquietudes e intereses que su mente está llena de proyectos que a veces resultan demasiado audaces o poco prácticos.

Su carácter temperamental, brusco y combativo puede traerle problemas de convivencia.

Aunque parezca increíble en una persona tan inquieta, a veces se muestra pasivo e incluso indolente. Le falta un polo a tierra y perseverancia, o sigue la línea del menor esfuerzo y no lucha cuando las cosas se ponen difíciles.

Nota: En numerología sucede a veces que dos números pueden ser contradictorios o negativos para la personalidad y, sin embargo, atraer acontecimientos positivos a su vida. En otros casos, aunque los números ayudan a la personalidad, generan un destino difícil o problemático.

Acontecimientos

En este caso, si estos números no están respaldados por otros estables, esforzados y perseverantes, sus ambiciones pueden no materializarse en un destino brillante y positivo.

Aunque es una persona inquieta, creativa y activa, puede desperdiciar oportunidades por permitir que los sentimientos o los compromisos familiares o emocionales interfieran en sus planes o ambiciones.

A veces, presenta posibles cargas familiares que condicionan su vida y le impiden hacer o ser lo que hubiera querido, porque los sentimientos suelen ser su talón de Aquiles. Llevará una vida de altibajos a nivel profesional, económico o emocional.

★　★　★

Destino 7

NACIMIENTO 5 + FIRMA 2 = DESTINO 7

Características

Números que aportan inquietudes y tendencias contradictorias que suelen crear desconcierto y comportamiento variable, pero que también se ayudan entre sí.

Prudencia, timidez, calma, estabilidad y serenidad por un lado, y agresividad, tensión, rebeldía e impaciencia por otro. Cada número lucha por alcanzar primacía y, aunque suelen crear confusión interna por sus características contradictorias, pueden también equilibrar la balanza.

Introspectivo y solitario, suele ser muy reservado y celoso de su intimidad.

Inspirado, intuitivo y receptivo, tiene gran refinamiento interior, sensibilidad y profundidad.

Generoso y sensible a las necesidades ajenas, tiene fuertes motivaciones de servicio.

Acontecimientos

Destino centrado en la búsqueda de experiencias ligadas a la cultura, el autoconocimiento y la espiritualidad. A menudo pronostica una vida interesante y la persona puede destacarse por su inteligencia y conocimientos.

Habrá viajes, prestigio y vivencias singulares y enriquecedoras, pero a menudo el éxito será más profesional que económico. Posible relación con personas importantes e influyentes.

Aunque puede emprender y lograr grandes cosas, estos números atraen un destino solitario en el que encontramos más solteros, viudos o separados que en ningún otro. Tal vez porque aunque suele ser brillante, le cuesta expresar sus sentimientos y es una persona grave y solitaria por naturaleza, que disfruta de su mundo interior.

★   ★   ★

Destino 8

NACIMIENTO 5 + FIRMA 3 = DESTINO 8

Características

Números que aportan características contradictorias.

Dependerá del resto del cuadro numerológico si puede controlar el fuerte temperamento y energía que estos números generan o si la situación se le escapa de las manos. Ya que es vehemente e intenso, no conoce los términos medios y puede llegar a cualquier extremo. Así como puede mostrarse tenso, impaciente y nervioso, cuando muestra su otra faceta es simpático, optimista y encantador, y puede lograr lo que quiera gracias al gran encanto del que hace derroche cuando quiere.

Tiene grandes y ambiciosos objetivos socioeconómicos que solo podrá lograr si se serena, se centra y es perseverante, ya que si no recibe equilibrio por otros números, dominarán sus impulsos y malogrará sus oportunidades.

Acontecimientos

Gracias a su ambición, laboriosidad y capacidad ejecutiva podría alcanzar cualquier objetivo en el campo industrial, comercial, financiero o político, pudiendo lograr éxito, poder, dinero o influencia.

Tendrá una vida activa. Su ambición le pedirá siempre más y más, pero existe el riesgo de perderlo todo por exceso de ambición, intransigencia o arrebatos en los que puede tomar decisiones tajantes y definitivas.

Este destino trae a veces vivencias dolorosas o traumáticas a la vida de la persona, a veces en la infancia o en su vida adulta.

★ ★ ★

DESTINO 9

NACIMIENTO 5 + FIRMA 4 = DESTINO 9

Características

Números muy contradictorios. El impulso y la reflexión se unen, creando a veces conflicto entre el temperamento, las emociones y el sentido común.

Sus objetivos e ideales están inspirados por la energía positiva que generan unos números y la seriedad, la prudencia y la cordura que recibe por los otros.

Una parte es nerviosa, agresiva, impaciente y actúa atolondrada e irreflexivamente guiada solo por sus impulsos. La otra, no da un paso que no haya sido analizado y sopesado cuidadosamente hasta el extremo de inhibirse a la hora de actuar.

El resto de los números que aparecen en su cuadro inclinarán la balanza en uno u otro sentido. Si logra el equilibrio, alcanzará este destino.

Acontecimientos

Tendrá una vida útil y a menudo fuera de lo común. Frecuentemente la persona dedica sus mejores esfuerzos al servicio humanitario o comunitario.

Sus ideales de avanzada social, defensa del medio ambiente y protección a las personas indefensas lo convertirán en un ser íntegro y comprometido que intentará mejorar las condiciones de vida de su entorno, y no podrá permanecer indiferente ante los problemas y necesidades de los demás.

Existe la posibilidad de viajes, dentro o fuera del país, o de establecerse en un lugar distinto al de su nacimiento.

Puede destacarse en el arte o cualquier campo de su elección, porque es muy inteligente, hábil y capaz.

En algunos casos, tendrá una vida libre y bohemia. Tal vez desarrolle una gran intuición o poderes paranormales.

★ ★ ★

Posibles destinos para la vibración de nacimiento 6

Destino 1

NACIMIENTO 6 + FIRMA 4 = DESTINO 1

Características

Números que no solo son contradictorios, sino que a veces crean un bloqueo difícil de superar.

Por una parte, demuestra seriedad, orden y sentido práctico, así como valoración del dinero y de lo que él representa. Concienzudo y sensato, no se arriesga imprudentemente y solo confía en lo que puede comprobar por sí mismo. Trabajador infatigable, nunca elude su responsabilidad y está dispuesto a sacrificarse para lograr sus objetivos.

Sin embargo, tiene otra faceta totalmente opuesta: cómodo y autocomplaciente, se desalienta cuando las cosas se complican. Comienza bien pero poco a poco pierde fuerza o motivación. Indolencia o simple pereza que le dificultará alcanzar la estabilidad que por otra parte necesita.

A menudo es introvertido y hermético. Aunque es cariñoso, emotivo y vulnerable, puede obsesionarse con problemas emocionales.

Acontecimientos

Para que este destino se realice deben aparecer números activos y dinámicos en el resto del cuadro numerológico. Si no es así, es muy difícil que los bloqueos y altibajos de su personalidad lo permitan.

Llevará una vida interesante, con posibilidades de éxitos alcanzados por su propio esfuerzo. Su lado fuerte y testarudo tratará siempre de imponer sus ideas y sus condiciones. Hay posibilidad de viajes y de una vida interesante y constructiva.

Se hará a sí mismo y, si los demás números son los adecuados, alcanzará sus objetivos, de lo contrario, habrá frustración, resentimiento y amargura.

★ ★ ★

Destinos 11 y 2

NACIMIENTO 6 + FIRMA 5 = DESTINO 11 Y 2

Características

Números muy contradictorios. Por un lado, la familia, la paz, los sentimientos y el equilibrio interior son sus principales inquietudes, y por otro lado, hay mucha tensión, nervios impaciencia e incluso agresividad, lo cual puede traerle problemas de convivencia. A menos que existan números que equilibren esta contradicción, su necesidad de un hogar estable y feliz estará en peligro.

Su firma lo inclina al movimiento, a la acción y a tener una vida activa, aunque a veces seguirá la línea del menor esfuerzo y tratará de evitar la lucha cuando las cosas se pongan difíciles.

Por lo tanto, habrá altos y bajos en sus reacciones o comportamiento. A veces dominarán los nervios, la tensión y la impaciencia, y en otras ocasiones se mostrará pasivo, tranquilo y equilibrado. El resto de los números dirá qué tendencia predominará.

Nota: Estos números atraen dos posibilidades de destino dependiendo de los números que acompañan a la firma y al nacimiento, y del sentido que la persona haya dado a su vida.

Destino 2 - Acontecimientos

Si el cuadro está muy agobiado por números pasivos, o si ha llevado una vida en la que su única preocupación ha sido responder a obligaciones con su entorno más inmediato, su destino podrá resumirse de la siguiente manera:

Si la persona no logra equilibrar las tendencias contradictorias, este será un destino en el que no podrán hacerse realidad las expectativas de lucimiento personal, éxito profesional y logros materiales que desea, porque vivirá en perpetuo enfrentamiento consigo mismo y con los demás.

Será una buena persona pero su vida puede ser difícil y anodina, o sus logros pueden depender de otras personas, por herencia, sociedad o parentesco.

Destinos 11 y 2 - Acontecimientos

En cambio, si ha dedicado su vida al servicio humanitario a través de cualquier profesión que le permita mejorar su entorno y contribuir a la felicidad o el bienestar de los demás, su destino puede resumirse de esta manera:

Si suaviza y equilibra su carácter y sus reacciones, saldrá a la luz el ser generoso, luminoso y especial que lleva dentro para tener un destino extraordinario. Luchará por mejorar su entorno y contribuirá a la felicidad y bienestar de los demás.

Tendrá experiencias fuera de lo común: viajes, contactos importantes y conquistas excepcionales pueden ser suyos, solo si cumple con su obligación y vocación de servicio.

★   ★   ★

Destino 3

NACIMIENTO 6 + FIRMA 6 = DESTINO 3

Características

Estos números potencian las emociones y los sentimientos.

Humano y generoso, sería feliz si pudiera dar felicidad, comprensión y amor a todos, pero sobre todo a sus seres queridos.

Buena persona, noble crédulo e ingenuo, se expone a ser maltratado y explotado, pero como cree en la bondad de la gente, siempre cae de nuevo.

Grandes aptitudes artísticas y creativas, ya que a menudo es autocomplaciente, sigue la línea del menor esfuerzo por pereza o indolencia y, en muchas ocasiones, no les saca partido ni trabaja su talento.

Tendencia a involucrarse de tal manera en los problemas del corazón que estos le quitan la paz y lo desequilibran.

Tendrá posibles cargas familiares que pueden impedirle ser o hacer lo que quisiera.

Acontecimientos

Es posible que al presentarse por dos un número tan emotivo, sensible y artístico pueda funcionar de dos maneras distintas:

Si los otros números que aparecen en el cuadro numerológico son activos, dinámicos, prácticos y responsables, la persona tendrá experiencias enriquecedoras, afortunadas y felices.

Habrá una buena opción para las actividades artísticas y para una vida entretenida en la que podrá tener importantes y gratificantes contactos sociales o viajar.

Pero si en el resto del cuadro hay números débiles, herméticos o bloqueados, será difícil que se cumplan estos pronósticos, o desperdiciará buenas oportunidades por desidia o pereza.

★   ★   ★

DESTINO 4

NACIMIENTO 6 + FIRMA 7 = DESTINO 4

Características

Números que forman una combinación peligrosa porque la persona reacciona, siente y actúa de forma muy contradictoria.

Sensibilidad e introversión excesiva.

Emotivo y cerebral a la vez, suele aferrarse a las personas que quiere y llega a ser absorbente y posesivo.

Da gran importancia al autoconocimiento y a los lazos familiares, pero la estabilidad económica será tan importante que puede parecer tacaño, la falta de un respaldo económico le produce gran ansiedad.

Lucha entre la cabeza y el corazón, entre un carácter gregario y bonachón que necesita amor y compañía, y otra parte mental y analítica que necesita soledad y a la que le cuesta entregarse o expresar sentimientos.

Es fino, estético, delicado y muy sensible a todas las experiencias artísticas y creativas.

Si en el resto del cuadro no hay números optimistas, abiertos y distendidos, existe la posibilidad de padecer problemas emocionales, angustia y depresiones más o menos severas.

Acontecimientos

Si en el resto del cuadro hay números activos y dinámicos, es posible que alcance reconocimiento profesional y estabilidad económica, aunque todo esto llegará muy lentamente y solo después de una vida de mucho trabajo y sacrificio.

El dinero será importante porque necesita sentirse respaldado ante cualquier emergencia, pero los logros materiales no son tan importantes como los sentimientos y el equilibrio interior. Si estos fallan, puede desequilibrarse y sufrir problemas emocionales serios. Angustia y depresiones que pueden producir graves trastornos.

Todos estos números hablan de bloqueo y necesita otros que le aporten optimismo desinhibición, apertura y osadía.

★ ★ ★

Destino 5

NACIMIENTO 6 + FIRMA 8 = DESTINO 5

Características

Números muy contradictorios.

Severo, precavido, tenaz y ambicioso por una parte, y emotivo, hogareño y vulnerable por otra. Equilibrar estas tendencias será difícil y producirá altibajos en las reacciones y el comportamiento.

A veces es extremadamente exigente consigo mismo y con los demás. Su meta es el progreso, la perfección y llegar a la cima. No se contentará nunca con menos, pero cuando reacciona a los otros números, la indolencia, la placidez y la autocomplacencia lo dominan, y se contenta con lo que sea con tal de no esforzarse y poder disfrutar de la vida, autolimitándose en los momentos clave. Va como un tanque arrasando con lo que se oponga a su avance, o como una tortuga, lenta, calmada y tardía. A veces deja pasar oportunidades por no complicarse la vida, o reacciona violenta y tajantemente rompiendo acuerdos, relaciones o lo que sea.

Nota: En numerología sucede a veces que dos números contradictorios pueden atraer acontecimientos positivos aunque perjudiquen a nivel de personalidad. Pero en otros casos, como en este, no solo causan problemas de personalidad, sino que además generan un destino difícil.

Acontecimientos

Esta firma pronostica una vida muy activa e intensa, llena de variadas experiencias o cambios que pueden alterar el curso de los acontecimientos, pero desde luego no será una vida tranquila.

Debe evitar los cambios motivados por inquietud, aburrimiento o impaciencia.

Presenta dificultades o enfrentamientos a nivel profesional o familiar. En ocasiones parece tener un imán que atrae problemas, merecidos o no.

Hay posibilidades de vivencias dolorosas o traumáticas.

★ ★ ★

Destino 6

NACIMIENTO 6 + FIRMA 9 = DESTINO 6

Características

Estos números representan el amor en todas sus expresiones: amor a las personas vinculadas a su vida por amistad o parentesco, y amor a todos los seres humanos en general.

Noble, generoso y humanitario, sus mejores opciones profesionales serán dedicarse a cualquier actividad que vele por la seguridad y bienestar de los demás. También podría incursionar con éxito en el mundo artístico porque tiene grandes y variadas aptitudes.

Lazos afectivos muy fuertes. Demasiado vulnerable, puede llegar a obsesionarse con cualquier problema emocional que lo conduce a perder su objetividad y equilibrio.

Siempre existirá una lucha interna entre su parte activa, optimista y vital, y la indolencia, autoindulgencia y pasividad de la otra parte de su personalidad.

Experimentará posibles cargas familiares que pueden limitar su progreso.

Acontecimientos

Si estos números no están acompañados por otros activos, dinámicos y, sobre todo, perseverantes y esforzados, sus ambiciones no llegan a materializarse en un destino brillante. Todo lo contrario, porque estos números pronostican un destino fluctuante y de altibajos a nivel sentimental, económico o profesional.

Hay una tendencia a desperdiciar oportunidades por permitir que los sentimientos, la desidia o la vida familiar interfieran con sus planes y ambiciones. A veces pierde motivación y comienza proyectos con entusiasmo pero no persevera y se rinde cuando las cosas se complican.

Es posible que experimente obligaciones o cargas que pueden condicionar su vida, impidiéndole ser o hacer lo que hubiera querido.

★   ★   ★

DESTINO 7

NACIMIENTO 6 + FIRMA 1 = DESTINO 7

Características

Números contradictorios que pueden crear problemas de reacción o comportamiento, pero que en cierto sentido pueden ayudarse también.

Por una parte se muestra como una persona inteligente, racional y analítica en la que a veces predomina la parte mental. Libre, individualista e independiente, algunas veces se siente atado y cede ante los lazos emocionales. Cuando esto sucede, pierde su ecuanimidad y los sentimientos lo ofuscan y debilitan.

Sin embargo, la firma le aporta decisión y dinamismo, frialdad mental y coherencia. En esos momentos no permite que nada interfiera en sus planes ni razonamientos, siempre y cuando los sentimientos no se interpongan.

Hay peligro de depresión, angustia y obsesiones que pueden ser muy serios.

Acontecimientos

Vivencias centradas en la búsqueda de experiencias ligadas a la cultura, el autoconocimiento y la espiritualidad. A menudo pronostica un destino interesante, en el que puede sobresalir por su inteligencia y conocimientos.

Habrá viajes, prestigio y vivencias interesantes y enriquecedoras, pero a menudo el éxito será más profesional que económico.

Posibles relaciones con personas importantes o influyentes. Puede emprender y lograr cosas importantes, pero este será casi siempre un destino solitario. Como es una persona introvertida que tiene dificultad para expresar sentimientos, en este destino encontramos más solteros, viudos o separados que en ningún otro, y a veces se da la soledad en compañía.

Una parte de la persona resiente la soledad y la otra la necesita para encontrarse a sí misma y evolucionar espiritualmente.

★ ★ ★

DESTINO 8

NACIMIENTO 6 + FIRMA 2 = DESTINO 8

Características

Números que aportan características muy similares, y por lo mismo es difícil sobreponerse al bloqueo que ambos crean.

Timidez, emotividad y sensibilidad. La compasión, el tacto y la generosidad se unen en una personalidad humana y tierna, que a la vez en ocasiones puede actuar de forma tajante, severa e intransigente.

Sueña con una vida importante, social y económicamente, pero los bloqueos de su personalidad pueden frustrar sus sueños. Aunque a veces se muestra perseverante y testarudo, a menudo se bloquea con dudas miedos e inseguridades, de manera que puede faltarle empuje y audacia en momentos clave, o ceder ante su lado perezoso y autocomplaciente.

Tiene cierta tendencia a tirar la toalla cuando las cosas se ponen difíciles, cosa que no soporta su parte ambiciosa y combativa.

Acontecimientos

Si en el resto del cuadro numerológico aparecen números activos y dinámicos, puede alcanzar éxitos en el campo industrial, comercial o financiero; especialmente si sabe sacarle partido a sus muchas cualidades.

Su vida será laboriosa y difícil con experiencias dolorosas o traumáticas a veces en la infancia, adolescencia o madurez.

Si los demás números son también bloqueados, es poco probable que su destino sea próspero y feliz, porque a menudo se sentirá estrangulado por sus dudas e inseguridades, o por las cargas familiares.

Hay bloqueos difíciles de superar.

★ ★ ★

Destino 9

NACIMIENTO 6 + FIRMA 3 = DESTINO 9

Características

Estos números conceden grandes aptitudes artísticas que abarcan todas las ramas del arte. Como representan también el amor, la generosidad y la entrega a todas las personas con problemas, le atraen todas las profesiones relacionadas con el servicio social y humanitario.

Amistoso, hospitalario, optimista y jovial, suele ser cómodo y autocomplaciente. Se niega a complicarse la vida o enfrentarse a los problemas, por lo que muchas veces no le saca partido a sus muchas aptitudes.

Personalidad bonachona y agradable con un fuerte sentido familiar, de manera que los sentimientos son su talón de Aquiles y los problemas emocionales pueden obsesionarlo y alterar su plácido temperamento.

Acontecimientos

Tendrá una vida útil y a menudo fuera de lo común en la que la persona dedica sus mejores esfuerzos al servicio humanitario.

Sus ideales de avanzada social y ayuda a las personas con problemas lo convertirán en una persona generosa y comprometida, que intentará mejorar las condiciones de vida de los más necesitados.

Hay posibilidades de viajes cortos o largos. También podría establecerse en un lugar distinto al de su nacimiento.

Si no hay números centrados y perseverantes en el resto del cuadro, la persona puede malograr las posibilidades que le concede su talento artístico, permitiendo que la autocomplacencia y la bohemia lo dominen.

Posibles destinos para la vibración de nacimiento 7

Destino 1

NACIMIENTO 7 + FIRMA 3 = DESTINO 1

Características

Estos números representan una contradicción que en ciertos aspectos beneficia a la persona, aunque ambos tienen en común el deseo de destacarse social y profesionalmente.

Clase y elegancia innata que inclinan a vivir en un ambiente selecto y a rodearse de personas refinadas e influyentes. Si estos números están acentuados, esnobismo. El contraste y la contradicción significan que mientras una parte es profunda, reflexiva y analítica, muy seria, reposada y solitaria, existe también otra parte despreocupada, sociable y comunicativa que necesita contacto humano. Esta lo saca del aislamiento, pero su parte seria y reflexiva no debe permitir que la superficialidad lo domine y desbarate sus opciones de éxito en la vida.

Acontecimientos

Llevará una vida interesante, con posibilidades de éxitos alcanzados por su propio esfuerzo o por sus contactos sociales.

Hay posibles viajes y una vida muy activa y constructiva.

Inteligente, dinámico y eficaz, tiene todas las condiciones para llegar adonde quiera, y si los demás números son los adecuados, alcanzará la meta de sus ambiciones. En caso contrario, frustración y amargura.

A veces estos números traen suerte a la vida de la persona, oportunidades inesperadas, o la ayuda de los demás. También significa que la persona puede alcanzar la meta de sus ambiciones primordialmente con su propio esfuerzo porque es muy independiente y autosuficiente.

★   ★   ★

DESTINOS 11 Y 2

NACIMIENTO 7 + FIRMA 4 = DESTINO 11 Y 2

Características

Números muy contradictorios que a veces dividen a la persona entre la necesidad de alcanzar estabilidad y seguridad económica o conocimiento interior.

Mentalidad seria, reflexiva, analítica y ordenada, muy práctica y realista, pero a la vez profunda, espiritual, sensible, refinada y elevada.

Suspicaz y desconfiado, solo cree en lo que puede comprobar por sí mismo o que tiene una base científica. Sin embargo, siente a la vez una fuerte inclinación (a veces no reconocida) hacia las cosas místicas, espirituales o paranormales.

Si no aparecen números activos en otras partes del cuadro, será tan excesivamente tranquilo y pasivo que a veces se sentirá asfixiado por sus dudas, su pesimismo o sus limitaciones.

Demostrará incomunicación y dificultad para expresar sentimientos, también bloqueos y negatividad.

Nota: Esta firma atrae dos tipos distintos de destinos.

Destino 2 - Acontecimientos

Si en el resto del cuadro no aparecen números activos y dinámicos, será un destino en el que no podrá hacer realidad las expectativas de lucimiento, éxitos y logros que desea.

Será una buena persona, pero su vida puede ser difícil o anodina; o sus logros pueden depender de otras personas por herencia, parentesco o sociedad.

Destinos 11 y 2 - Acontecimientos

Si recibe el estímulo de números activos, saldrá a la luz el ser luminoso, generoso y especial que lleva dentro, y puede tener un destino fuera de lo común. Luchará por mejorar su entorno y contribuirá a la felicidad y bienestar de los demás.

Vivirá experiencias extraordinarias: viajes, contactos importantes y conquistas excepcionales pueden ser suyos solo si cumple con su obligación de servicio.

★ ★ ★

Destino 3

NACIMIENTO 7 + FIRMA 5 = DESTINO 3

Características

Números contradictorios que producen altibajos en el comportamiento y desconcierto interior.

A veces se muestra profundo, analítico, serio e introspectivo, y cuando lo dominan los nervios (que tiene a menudo a flor de piel), lo consume la impaciencia y la tensión, mostrándose agresivo y alterado, con lo cual rompe el equilibrio interior que le es tan necesario.

Posee una curiosidad extraordinaria: quiere conocerlo todo y experimentarlo todo, empezando por sí mismo.

Sensible, intuitivo y perceptivo, capta las energías ambientales y de las personas. Debería confiar en sus corazonadas.

Inteligente y perspicaz, es una persona más mental que emocional y rara vez lo impulsan solo los objetivos materiales. Desea vivir intensamente y disfrutar de todo tipo de experiencias.

Acontecimientos

Si en el resto del cuadro aparecen números perseverantes y equilibrados, esta firma atrae experiencias enriquecedoras, afortunadas y felices.

Buena opción para las actividades artísticas.

Posibilidad de una vida entretenida en la que podrá tener importantes contactos sociales y profesionales, y viajar.

Cuidado con la superficialidad o el despilfarro, ya que pueden malograr los buenos pronósticos que augura este destino.

Si el resto del cuadro numerológico es correcto, experimentará posibles golpes de suerte. En caso contrario, desperdiciará las muchas oportunidades que pueden presentarse.

★　★　★

DESTINO 4

NACIMIENTO 7 + FIRMA 6 = DESTINO 4

Características

Números que forman una combinación difícil, de manera que a veces la persona reacciona, siente y actúa de forma muy contradictoria.

Sensibilidad e introversión excesivas.

Emotivo y cerebral a la vez, suele aferrarse a las personas que quiere, al punto de ser absorbente y posesivo.

Dará gran importancia al autoconocimiento y a los lazos familiares, pero la estabilidad económica será también importante, de manera que podría parecer tacaño ya que la falta de un respaldo económico le produce ansiedad e inseguridad.

Constante lucha entre la cabeza y el corazón; entre la parte gregaria y bonachona, que necesita amor y compañía, y la otra, excesivamente mental y analítica, a la que le cuesta entregarse y expresar sentimientos.

Estético, fino, delicado, muy sensible a la belleza y a todas las manifestaciones artísticas y creativas.

Si en el resto del cuadro no existen números optimistas, distendidos y abiertos, enfrentará posibles problemas emocionales, angustia y depresión que podrían ser graves.

Acontecimientos

Si en el resto del cuadro aparecen números activos y dinámicos, es posible que alcance reconocimiento profesional y estabilidad económica, aunque todo llegará lentamente, después de una vida de mucho trabajo y sacrificio.

El dinero será importante porque necesita sentirse respaldado ante cualquier emergencia, pero lo material no será tan importante como los sentimientos y el equilibrio interior. Si estos fallan, puede desequilibrarse y sufrir problemas emocionales o depresivos.

Si no hay números que lo ayuden a soltarse y a darle a las cosas su justo valor, puede alcanzar sus objetivos materiales, pero su vida será monótona y aburrida.

★ ★ ★

Destino 5

NACIMIENTO 7 + FIRMA 7 = DESTINO 5

Características

Carácter serio, profundo y extremadamente curioso que analiza, sopesa y estudia a fondo todo lo que le interesa.

Aunque cree solo en las cosas científicas o verificables, su mente inquieta sueña con descifrar los misterios de la naturaleza humana.

Fino y delicado, rechaza lo mediocre y ordinario, y disfruta profundamente con todo lo bello y estético.

Muy selectivo al elegir sus amistades. Como las características de análisis, pragmatismo, espiritualidad e intuición están muy acentuadas, puede ser catalogado como un ser extraño y reprimido, pero, aunque parece frío e incluso antipático, en realidad es solamente introvertido y solitario.

Sensible y vulnerable, a menudo no encaja en la sociedad y esconde su verdadero interior ante los demás, pero en momentos de tensión puede reaccionar agresiva y temperamentalmente. Angustia, soledad, tendencias depresivas e impaciencia.

Posee posibles facultades paranormales.

Acontecimientos

Si no aparecen números prácticos y realistas, esta firma pronostica una vida activa, tensa y llena de variadas experiencias o cambios repentinos que pueden alterar el curso de los acontecimientos, pero desde luego no será una vida tranquila y de reconocimiento como es el deseo de una persona 7.

Deberá analizar y sopesar todas las alternativas y no actuar solo por inquietud, aburrimiento o impaciencia.

A menudo, experimentará vivencias dolorosas o conflictivas. En ocasiones parece tener un imán que atrae problemas, merecidos o no. Tendrá dificultades o enfrentamientos a nivel profesional o familiar.

★　★　★

Destino 6

NACIMIENTO 7 + FIRMA 8 = DESTINO 6

Características

Números muy contradictorios que a veces afectan negativamente a la personalidad.

Es posible que se sienta dividido entre lo material, lo espiritual y las responsabilidades familiares.

Lucha entre la cabeza, el corazón y la voluntad.

En ocasiones, puede mostrarse exigente, duro y rígido, o suave, emotivo y maleable, así como cerebral, analítico y frío.

Muy posesivo, necesita cariño y estímulo, y puede dar importancia a cosas que no la tienen.

Introvertido y solitario, desea evolucionar espiritualmente, pero a veces tanto las cosas materiales como las espirituales lo perturban, pudiendo perder el equilibrio y caer en profundos abismos de ansiedad, angustia o depresión.

Necesita encontrar el equilibrio entre las poderosas fuerzas que lo mueven. El resto del cuadro dirá si podrá hacerlo o no. Hay bloqueos, incomunicación y limitaciones.

Nota: En numerología sucede a veces que números contradictorios pueden atraer acontecimientos positivos, y en otros casos, como en este, no es así. De manera que si se producen o no los acontecimientos, y en qué medida, dependerá del resto de los números que aparecen en el cuadro numerológico.

Acontecimientos

En este caso, si no hay números activos y dinámicos, es posible que sus ambiciones no lleguen a materializarse en un destino brillante. Todo lo contrario, porque estos números pronostican un destino fluctuante y de altibajos a nivel sentimental, económico o profesional.

Hay una tendencia a desperdiciar oportunidades por permitir que los sentimientos, la desidia o la vida familiar interfieran en sus planes y ambiciones. En ocasiones, puede perder motivación y tirar la toalla cuando las cosas se ponen difíciles.

Experimentará obligaciones o cargas familiares que pueden condicionar su vida.

★ ★ ★

Destino 7

NACIMIENTO 7 + FIRMA 9 = DESTINO 7

Características

Simbiosis casi perfecta entre el espíritu, la mente y las emociones.

Es un espíritu altamente evolucionado que, si está apoyado por otros números afines, potencia la intuición y las facultades paranormales.

Posee una enorme curiosidad: todo lo quiere saber, escudriñar y analizar, pero, por encima de todo, le interesa descifrar los misterios de la naturaleza humana. Estudioso, analítico, profundo y grave. Seriamente comprometido con lo espiritual, pero a la vez generoso, compasivo y receptivo a las necesidades y problemas humanos.

Solitario y extraño, sus inquietudes a menudo lo distancian de los demás y suele tener muchos conocidos pero pocos amigos verdaderos, porque es muy selectivo. Sin embargo, en ocasiones también puede ser abierto y gregario.

Según el resto del cuadro numerológico, experimentará angustia, aislamiento o tendencias depresivas.

Acontecimientos

Tendrá vivencias centradas en la búsqueda de experiencias ligadas a la cultura, el autoconocimiento y la espiritualidad.

A menudo pronostica un destino interesante y la persona puede destacarse profesionalmente por su inteligencia y conocimientos.

Su vida estará llena de viajes, prestigio y vivencias interesantes, pero a menudo el éxito es más profesional que económico.

Posibles relaciones con personas importantes o influyentes.

Estos números pronostican un destino solitario y se dan en él más solteros, viudos o separados que en otros, debido a su introversión y dificultad para expresar sentimientos.

★　★　★

DESTINO 8

NACIMIENTO 7 + FIRMA I = DESTINO 8

Características

Mentalidad despierta, brillante y creativa. Carácter fuerte, definido y dominante.

Racional, frío y analítico cuando persigue un objetivo, puede llegar a prescindir de los sentimientos.

Dinámico, seguro de sí mismo, independiente e individualista, es un líder positivo que inspira, alienta y motiva a los demás. Predisposición especial para los estudios, los negocios y la investigación. Capacidad ejecutiva y don de mando cuando debe usarlos. Le encantan los desafíos.

Apariencia seria e introvertida que no facilita la comunicación, pero es una persona honesta y recta que inspira confianza.

Sensible y vulnerable aunque no lo parezca.

Tiene grandes inquietudes espirituales y profundidad emocional que le cuesta manifestar.

Acontecimientos

Gracias a su capacidad intelectual, su perseverancia, capacidad ejecutiva y de trabajo, puede alcanzar cualquier meta que se proponga en el campo industrial, comercial, financiero, político o científico.

Si el resto del cuadro numerológico es el adecuado, existe la posibilidad de éxito, poder, dinero e influencia, porque no le asusta trabajar duro y sus planes son muy ambiciosos.

Tiene olfato comercial. Puede descubrir oportunidades y se arriesgará cuando esté seguro de ganar.

Llevará una vida laboriosa y de ascenso constante.

Vivirá posibles experiencias dolorosas o traumáticas a lo largo de su vida.

Se caracterizará por su itransigencia o arrebatos, en los cuales puede tomar decisiones tajantes y definitivas.

★ ★ ★

DESTINO 9

NACIMIENTO 7 + FIRMA 2 = DESTINO 9

Características

Estos números conceden espiritualidad, intuición y facultades paranormales.

Fortaleza moral, luz interior y un carisma especial que permite vislumbrar la sabiduría interna y el compromiso adquirido como resultado de una larga trayectoria cósmica.

Mentalidad seria, reflexiva, profunda e intelectual, a menudo brillante, que enmascara su sensibilidad y vulnerabilidad, porque a veces presenta una apariencia fría e indiferente, ya que le cuesta expresar sentimientos y suele ser introvertido y solitario.

Espíritu fino y delicado que disfruta con las cosas hermosas.

A veces depresiones y angustia vital que, dependiendo del resto del cuadro numerológico, pueden ser serias.

Acontecimientos

Vida útil y a menudo fuera de lo común, frecuentemente dedicada al servicio humanitario.

Sus ideales de avanzada social, defensa del medio ambiente y protección a las personas indefensas o con problemas, lo convierten en un ser íntegro y comprometido que siempre intentará mejorar las condiciones de vida de su entorno.

Hay una gran posibilidad de viajes o de establecerse en un lugar distinto al de su nacimiento.

Amplia gama de posibilidades profesionales.

Notable intuición y facultades paranormales. Podría llegar a ser un gran maestro, un filósofo o un científico notable, si los demás números del cuadro numerológico ayudan.

★ ★ ★

Posibles destinos para la vibración de nacimiento 8

DESTINO I

NACIMIENTO 8 + FIRMA 2 = DESTINO I

Características

Números contradictorios que a veces crean desconcierto y bloqueos, impidiendo la libre expresión de su potencial interno.

Coexisten dos partes muy distintas en su personalidad: solidez, ambición y energía que aspira y lucha por el progreso material y profesional. Necesita tener un respaldo económico porque le preocupa la idea de enfrentarse a una emergencia sin recursos. Cuando predomina esta parte, está dispuesto a sacrificarse y perseverar tozudamente hasta lograr lo que desea.

Sin embargo, cuando aparece la parte contraria, se muestra demasiado complaciente, reprimido, o vacilante. Se inhibe y duda de su capacidad, lo que le impide alcanzar sus objetivos.

Los demás números del cuadro numerológico dirán qué tendencia predominará: generosidad, nobleza, tacto, moderación y sensibilidad, o un carácter tajante, extremista y radical que no conoce los términos medios. Inseguridad y falta de dinamismo, o una gran capacidad organizadora, ejecutiva y financiera.

Nota: Este destino puede hacerse realidad o no, dependiendo de cuál tendencia predomine.

Acontecimientos

Vida interesante con posibilidades de éxito alcanzado con su propio esfuerzo. Independiente y autosuficiente, tratará de imponer sus propias condiciones y su criterio. Hay posibilidad de viajes y de una vida activa, interesante y constructiva.

Se hará a sí mismo y, si los demás números son los adecuados, alcanzará la meta de sus ambiciones, que son muy altas. En caso contrario experimentará frustración, resentimiento y amargura.

★ ★ ★

DESTINOS 11 Y 2

NACIMIENTO 8 + FIRMA 3 = DESTINO 11 O 2

Características

Números muy contradictorios.

Por una parte, gran ambición y deseo de ocupar una posición importante en la vida. No se conformará nunca con ser uno del montón y tratará de acercarse o emular a las personas que ocupan cargos importantes o son triunfadoras en cualquier campo.

Tiene la capacidad para lograr estos objetivos, pero de vez en cuando deberá vencer una tendencia a dejarse llevar, a no afrontar las situaciones difíciles o a caer en la superficialidad. Cómodo y autocomplaciente, le interesará más disfrutar y posponer las obligaciones. Como los contrastes son muy acusados, el resto del cuadro numerológico nos dirá si predomina la seriedad y la autodisciplina o el carácter jovial y autocomplaciente.

Nota: Este destino puede manifestarse de dos maneras distintas dependiendo del sentido que la persona haya dado a su vida.

Destino 2 - Acontecimientos

Si solo ha llevado una vida normal en la que su preocupación principal ha sido responder a las obligaciones contraídas con su entorno más inmediato, el resultado podría resumirse de esta manera:

Este destino no suele llenar las expectativas de lucimiento personal y logros que la persona desea.

Vida útil en la que puede ser de gran ayuda para otros, pero a menudo los beneficios están ligados a los de otras personas por parentesco, sociedad o herencia, lo que significa dependencia material o emocional. Generoso y desinteresado, colaborará para que otros se destaquen sin importarle permanecer en un segundo plano.

A menudo experimenta sucesos recurrentes, positivos o negativos.

Destinos 11 y 2 - Acontecimientos

Por otra parte, si se ha dedicado al servicio humanitario a través de cualquier profesión que le permita mejorar su entorno y contribuir al bienestar de los demás, su destino puede resumirse de esta manera:

Vivirá experiencias fuera de lo común: viajes, contactos importantes y conquistas excepcionales que pueden llevarlo a la cima de su entorno particular.

Amor, entrega y servicio serán las máximas que regirán su vida.

Se trata de un ser especial que se encuentra ante una encarnación de prueba que le exigirá el máximo. Se enfrentará a situaciones difíciles, obstáculos y problemas, los cuales dominará gracias a su fortaleza interior.

Estos retos templarán su espíritu y lo harán más comprensivo frente a los problemas y debilidades ajenas.

Aunque la persona suele tener una rica vida interior y plenitud espiritual, a menudo este es un destino solitario, pero quien realmente lo vive, brillará con una luz especial y dejará una huella imborrable de su paso.

★ ★ ★

Destino 3

NACIMIENTO 8 + FIRMA 4 = DESTINO 3

Características

Persistencia y tenacidad inquebrantables que aplicará a sus ambiciosos proyectos.

La seguridad económica será muy importante porque en todo momento necesitará sentirse respaldado ante cualquier emergencia.

Perseverante y trabajador incansable, no le importa sacrificarse para lograr sus objetivos, y en ocasiones puede llegar a ser obseso del trabajo y las responsabilidades porque le cuesta desconectarse.

Condiciones especiales para sobresalir en el mundo de la industria, las finanzas o los negocios. Se arriesgará cuando vea las cosas claras y esté seguro de ganar.

Intransigencia, dureza, carácter dictatorial. Seriedad excesiva. Dificultad para relacionarse, le cuesta mucho soltarse y actuar desenfadadamente.

Rectitud, honestidad y sentido de la justicia.

Posee poderes de sanación que puede aplicar a través de las manos o haciendo uso de terapias naturales: masaje acupuntura, reiki, cristales, yerbas, etcétera.

Acontecimientos

Si en el resto del cuadro numerológico hay números activos y dinámicos, habrá experiencias afortunadas, enriquecedoras y felices.

Si tiene inclinaciones artísticas debería expresarlas a través de sus manos.

Llevará posiblemente una vida interesante en la que podrá tener contactos importantes o viajar.

Tendrá experiencias gratificantes ganadas con su propio esfuerzo, y un toque de suerte en algunas ocasiones.

Necesitará siempre el respaldo y seguridad que da el dinero, porque es cauto, precavido y le preocupa el mañana.

★   ★   ★

Destino 4

NACIMIENTO 8 + FIRMA 5 = DESTINO 4

Características

Números muy fuertes y contradictorios.

Tenso, excesivamente inquieto e impaciente, puede atraer problemas de convivencia cuando aparece su lado temperamental y agresivo.

Otras veces muestra un total autocontrol y puede dominar cualquier situación.

Formidablemente equipado con una voluntad de hierro y una enorme capacidad de trabajo, logrará lo que se proponga si logra dominar su lado impaciente, pendenciero y temperamental.

Tiene metas asentadas en lo terreno y material. Necesita sentirse protegido y el dinero le da seguridad.

Carácter rígido, brusco y muy intenso. Se entrega a todo con gran vehemencia y no conoce los términos medios.

Si se siente hostigado o maltratado, puede reaccionar violentamente o tomar decisiones drásticas y definitivas.

Poderes de sanación a través de las manos o con terapias alternativas. Si se dedica a ello, puede ser un sanador notable.

Acontecimientos

Si en el resto del cuadro numerológico aparecen números activos y dinámicos, es posible que alcance reconocimiento en el mundo profesional, y a la vez estabilidad económica.

El problema será que todo esto vendrá muy lentamente y solo después de una vida de intenso trabajo y sacrificio.

El dinero será importante, pero debe cuidar de no obsesionarse con el trabajo y las responsabilidades porque corre el riesgo de que a cambio de estos logros, su vida sea monótona y aburrida.

Existe también el riesgo de que en un arrebato de temperamento pueda poner en peligro lo alcanzado.

★　★　★

DESTINO 5

NACIMIENTO 8 + FIRMA 6 = DESTINO 5

Características

Números muy contradictorios. Extremadamente severo, precavido, tenaz y ambicioso por una parte, y demasiado hogareño, emotivo y vulnerable por otra. Equilibrar estas tendencias será difícil y producirá altibajos en las reacciones y el comportamiento.

A veces será extremadamente exigente consigo mismo y con los demás, porque su meta es el progreso, la perfección y alcanzar la cima. No se contentará nunca con menos, pero cuando reciba la influencia de los otros números, la indolencia, la placidez y la autocomplacencia lo dominarán y se contentará con lo que sea, con tal de no esforzarse, o se autolimitará en los momentos clave.

Va como un tanque, arrasando lo que se oponga a su avance, o como una tortuga, lenta y calmada. Deja pasar lo que sea por no complicarse la vida, o reacciona violenta y tajantemente, rompiendo acuerdos, relaciones o cualquier compromiso cuando ha sido hostigado al máximo. En tal caso, reacciones violentas o temperamentales.

Nota: En numerología sucede a veces que dos números contradictorios pueden traer acontecimientos positivos aunque perjudiquen a nivel personalidad. En otros casos, como este, los números no solo causan problemas de personalidad sino que además generan un destino difícil.

Acontecimientos

Vida muy intensa y activa, llena de variadas experiencias o cambios repentinos que pueden alterar el curso de los acontecimientos, pero desde luego no será una vida apacible. Debe centrarse y evitar los cambios que sean motivados solo por inquietud, aburrimiento o impaciencia. Experimentará dificultades o enfrentamientos a nivel profesional o familiar. En ocasiones, parece tener un imán que atrae problemas, merecidos o no. Habrá posibles vivencias dolorosas o traumáticas.

★ ★ ★

DESTINO 6

NACIMIENTO 8 + FIRMA 7 = DESTINO 6

Características

Números muy contradictorios que afectan negativamente a la personalidad.

Es posible que se sienta dividido entre lo material, lo espiritual y las responsabilidades familiares.

Lucha entre la cabeza, el corazón y la voluntad. Puede mostrarse exigente, duro y rígido, o suave, emotivo y maleable, así como cerebral, analítico y frío. Muy posesivo y a veces hipocondríaco. Necesita cariño y estímulo. Puede darle importancia a cosas que no la tienen. Introvertido y solitario, desea evolucionar espiritualmente, pero a veces tanto las cosas materiales como las espirituales lo perturban, y puede perder el equilibrio y caer en profundos abismos de ansiedad, angustia o depresión.

Necesita encontrar el equilibrio entre las poderosas fuerzas que lo mueven. El resto del cuadro dirá si podrá hacerlo o no. Experimenterá bloqueos, incomunicación y limitaciones.

Nota: En numerología sucede a veces que números contradictorios pueden atraer acontecimientos positivos a la vida de la persona, pero en otros casos como este, no es así. Sin embargo, si se producen o no los acontecimientos o en qué medida, dependerá siempre de los demás números que aparecen en el cuadro numerológico.

Acontecimientos

En este caso, si no hay números activos y dinámicos, es posible que sus ambiciones (que son muchas) no lleguen a materializarse en un destino brillante. Todo lo contrario, porque estos números pronostican una vida fluctuante y de altibajos a nivel sentimental, económico o profesional.

Hay una tendencia a desperdiciar oportunidades por permitir que los sentimientos, la desidia o la vida familiar interfieran en sus planes y ambiciones. En ocasiones, puede perder motivación y tirar la toalla cuando las cosas se ponen difíciles.

Tendrá obligaciones o cargas familiares que pueden condicionar su vida.

★   ★   ★

DESTINO 7

NACIMIENTO 8 + FIRMA 8 = DESTINO 7

Características

Combinación muy complicada.

Con estos números le será difícil definir sus obligaciones y prioridades porque por una parte los logros materiales (dinero, posición social, prestigio profesional) serán muy importantes, y por otra parte, la búsqueda espiritual y de sí mismo le inquieta profundamente. Cree y no cree en las cosas metafísicas y paranormales porque en el fondo es un Santo Tomás que necesita comprobar para creer pero siente una enorme curiosidad.

Ambición, energía y voluntad extraordinarias le ayudan para sobresalir en lo que se proponga, pero, aunque logre sus objetivos materiales, no será suficiente, porque sus más profundas inquietudes van más allá de lo material.

Carácter claro, muy exigente, tajante y definido. No conoce los términos medios y no transige ni claudica de sus principios.

Honesto, veraz y justo. Se puede criticar su dureza e intransigencia pero hay que reconocer su integridad.

Domina la mente y la razón sobre los sentimientos, y generalmente sus decisiones son meditadas y analizadas a fondo, sin permitir que intervenga el corazón.

Los demás números del cuadro dirán si se suavizan estas tendencias o no.

Posee grandes poderes de sanación y dominio de las energías. Puede llegar a ser un extraordinario sanador.

Experimentará bloqueos y a menudo, incomunicación e incluso soledad.

Acontecimientos

Generalmente se pronostica un destino interesante y la persona puede destacarse por su inteligencia y conocimientos.

Tiene gran capacidad administrativa y financiera.

Habrá viajes, prestigio y experiencias enriquecedoras, pero a veces el éxito puede ser más profesional que económico. Posible relación con personas poderosas o influyentes. Puede emprender y lograr cosas importantes, pero este será casi siempre un destino solitario. Por ser una persona grave e introvertida que tiene dificultad para expresar sentimientos, se encuentran aquí más solteros, viudos y separados que en ningún otro destino, y a veces se da incluso la soledad en compañía.

Los pronósticos de éxito se harán realidad solo si aparecen números activos y dinámicos en el cuadro numerológico.

★   ★   ★

Destino 8

NACIMIENTO 8 + FIRMA 9 = DESTINO 8

Características

Números muy fuertes, drásticos y definidos que hacen a la persona extremista y radical.

Intenso, valiente y audaz, no teme dar la cara y se arriesga cuando defiende principios de justicia, honradez y rectitud.

Extremadamente ambicioso, aspira siempre a lo máximo y mejor, pero está dispuesto a sacrificarse para alcanzarlo.

Como es difícil que algo pueda oponerse a su empuje y perseverancia, podrá lograr lo que quiera si en el resto del cuadro hay números activos y dinámicos.

El dinero será importante porque le da seguridad y, aunque hay materialismo, también hay mucho idealismo en estos números.

Sería aconsejable que usara su habilidad ejecutiva y financiera para promocionar proyectos humanitarios o actividades científicas.

Posee grandes poderes de sanación, dominio de las energías, y posibles facultades chamánicas.

Necesita números suaves y equilibrados porque no hay nada apacible ni diplomático en esta combinación.

Acontecimientos

Gracias a su capacidad ejecutiva y a su laboriosidad puede alcanzar cualquier meta, en cualquier campo que se proponga.

Éxito, poder, dinero o influencia pueden ser suyos porque sus planes son muy ambiciosos y está dispuesto a trabajar duro para conseguirlos.

Tiene olfato comercial. Descubrirá oportunidades y se arriesgará cuando esté seguro de ganar.

Llevará una vida laboriosa y de ascenso constante, pero existe el riesgo de perderlo todo por exceso de ambición, intransigencia o arrebatos.

Posibles experiencias dolorosas o traumáticas en alguna época de la vida.

★ ★ ★

Destino 9

NACIMIENTO 8 + FIRMA 1 = DESTINO 9

Características

Claridad mental, ambición y una personalidad enérgica y decidida con un gran don de mando, lo que lo capacita para dirigir empresas o negocios de gran envergadura. Estas características sumadas a una voluntad inquebrantable, lo ayudarán a conseguir sus propósitos.

Impresionará con su fuerte personalidad, intensidad y magnetismo, y será respetado por su integridad y sentido de la justicia.

Números muy positivos que permiten alcanzar el éxito donde otros han fracasado.

Si en el resto del cuadro numerológico aparecen más números fuertes y autoritarios, habrá posibles problemas de convivencia por ambición excesiva o porque la persona se convierte en un dictador frío y destructivo; pero si lo acompañan números suaves y maleables, la personalidad se suaviza.

Acontecimientos

Llevará una vida útil y a menudo fuera de lo común, frecuentemente dedicada al servicio humanitario.

Puede destacarse en el arte, las finanzas, la industria o cualquier campo de su elección porque es muy hábil y capaz.

Hay posibilidades de viajes, dentro o fuera del país, o de establecerse en un lugar distinto al de su nacimiento.

Sus ideales de avanzada social, defensa del medio ambiente y protección a las personas indefensas pueden convertirlo en una persona íntegra y comprometida que intentará mejorar las condiciones de vida de su entorno.

Posee intuición y poderes paranormales, aunque no se lo crea ni los use, porque a menudo actúa como un Santo Tomás, que necesita comprobar para creer.

★ ★ ★

Posibles destinos para la vibración de nacimiento 9

DESTINO I

NACIMIENTO 9 + FIRMA I = DESTINO I

Características

Estos números aportan ambición, inteligencia, apertura, seguridad en sí mismo y necesidad de libertad total, además de una mente llena de recursos, desenvoltura, creatividad y a veces genialidad.

Si los demás números que aparecen en el cuadro producen bloqueos, incomunicación, inseguridad o dificultad para manifestar el potencial interno, esta firma le permite abrirse y revelar su capacidad. Si aparece en un cuadro muy independiente, las cualidades de apertura y liderazgo se acentúan, pero puede faltar equilibrio, estabilidad, perseverancia y sentido práctico.

Generosidad nobleza y una fuerte inclinación al servicio humanitario.

Acontecimientos

Llevará una vida interesante con posibilidades de éxitos alcanzados gracias a su propio esfuerzo. No le gusta estar en deuda con nadie, de manera que llegará donde sea por sí mismo.

Independiente y autosuficiente, tratará de imponer sus condiciones y su criterio.

Hay posibilidad de viajes y de una vida activa y constructiva.

Se hará a sí mismo y si los demás números son los adecuados, alcanzará la meta de sus ambiciones; en caso contrario sufrirá frustración, resentimiento y amargura. Por nacimiento tiene una obligación de servicio que debe cumplir.

★ ★ ★

Destinos 11 y 2

NACIMIENTO 9 + FIRMA 2 = DESTINO 11 Y 2

Características

Es un espíritu altamente evolucionado con grandes ideales y una motivación muy profunda de servicio.

Generoso y noble, está siempre consciente de las necesidades ajenas y puede llegar a obsesionarse por resolver los problemas de la gente que lo rodea, llegando a descuidar sus propias necesidades.

Si vive a la altura de su obligación kármica de servicio, se ganará un lugar en el corazón de la gente y será recordado por sus buenas obras.

Idealista, soñador y visionario, pone su obligación de servicio y su evolución interior en primerísimo lugar, porque vive y siente el amor universal y luchará siempre contra el maltrato, la manipulación y las arbitrariedades.

Tiene una parte dulce, tierna y comprensiva que no soporta los enfrentamientos ni las personas agresivas.

Estos números confieren una intuición muy desarrollada y a menudo facultades paranormales.

Nota: Este destino puede manifestarse de dos maneras distintas, dependiendo del sentido que la persona haya dado a su vida.

Destino 2 - Acontecimientos

Si solo ha llevado una vida normal en la que su preocupación principal ha sido responder a las obligaciones contraídas con su entorno más inmediato, su destino podrá resumirse de esta manera:
Este destino no suele llenar las expectativas de lucimiento personal, éxito profesional y logros materiales que la persona desea.

Tendrá una vida útil en la que puede ser de gran ayuda para otras personas, por parentesco, sociedad o herencia, lo que genera dependencia material o emocional.

Generoso y desinteresado, colaborará para que otras personas se destaquen sin importarle permanecer en segundo plano.

A menudo experimenta sucesos recurrentes, positivos o negativos.

Destinos 11 y 2 - Acontecimientos

Si se dedica al servicio humanitario a través de cualquier profesión que le permita mejorar su entorno y contribuir a la felicidad y el bienestar de los demás, su destino puede resumirse de esta manera:

Vivirá experiencias fuera de lo común: viajes, contactos importantes y conquistas excepcionales que pueden llevarlo a la cima de su entorno particular.

Es un ser especial que se encuentra ante una encarnación de prueba que le exigirá al máximo. Se enfrentará a situaciones difíciles y deberá vencer muchos obstáculos y problemas, los cuales podrá dominar gracias a su inspiración y fortaleza interior.

Estos retos templarán su espíritu y lo harán más humano, lo que lo ayudará a comprender los problemas y debilidades ajenas.

Si se cumplen estos requisitos y estos pronósticos, la persona brillará con una luz especial y dejará un recuerdo imborrable de su paso.

Este destino trae a menudo soledad, pero una rica vida interior y plenitud espiritual.

★ ★ ★

Destino 3

NACIMIENTO 9 + FIRMA 3 = DESTINO 3

Características

Números que hablan de las motivaciones humanitarias de una persona generosa, dulce, tierna y cariñosa que suele transmitir mucha luz, amor y buenas vibraciones a su alrededor.

Tiene mucho para dar, y suele hacerlo alegre y desinteresadamente.

Tiene facilidad de palabra y poder de convencimiento. Simpatía, encanto y facilidad para conectarse con todo tipo de personas, de manera que logrará lo que se proponga sin violentar ni atropellar a nadie.

La suerte acompaña muchas veces a estos números pero, para que esto se cumpla, la persona debe centrarse y sacarle partido a su talento, responsabilizarse y no seguir el camino fácil creyendo que todo le está permitido.

Se caracteriza por variadas e importantes aptitudes artísticas.

Acontecimientos

Experiencias enriquecedoras, afortunadas y felices. En muchas ocasiones la suerte lo acompaña.

Buena opción para las actividades artísticas. Tendrá posibilidades de una vida entretenida en la que podrá tener importantes contactos y viajar.

Cuidado con la superficialidad o el despilfarro.

El buen pronóstico de este destino puede malograrse por fallos humanos. En tal caso, la persona puede lograr muchas cosas, pero perderlo todo.

Si en el resto del cuadro numerológico hay números negativos, esto también puede frenar la buena marcha de este destino, que en general es afortunado.

★ ★ ★

Destino 4

NACIMIENTO 9 + FIRMA 4 = DESTINO 4

Características

Números que dan fuerza, testarudez y consistencia a la personalidad.

Al tener un carácter rígido y un profundo sentido de la justicia, sentirá la necesidad de luchar por las personas oprimidas o injustamente tratadas. Si existen más números duros e intransigentes en el resto del cuadro numerológico, llegará a cualquier extremo para defender los derechos ajenos.

Si por el contrario hay números dóciles y flexibles, estos ayudarán a suavizarlo y pacificarlo.

Con un cuadro bien equilibrado puede destacarse como líder que lucha por alcanzar beneficios para todo un colectivo social.

La unión de estos números representa una mezcla de intuición y positivismo, de moderación y osadía. También la necesidad de orden y control, y a la vez de libertad y autodeterminación.

Acontecimientos

Es posible que alcance reconocimiento en el mundo profesional, la industria o la banca, y a la vez estabilidad económica.

El problema será que todo esto vendrá muy lentamente y solo después de una vida de intenso trabajo y sacrificio.

El dinero será importante porque le preocupa el mañana y necesita sentirse respaldado ante cualquier emergencia, pero no debe permitir que el trabajo y las responsabilidades lo obsesionen, porque corre el riesgo de que a cambio de esos logros, su vida sea monótona y aburrida.

★ ★ ★

DESTINO 5

NACIMIENTO 9 + FIRMA 5 = DESTINO 5

Características

Ninguna libertad es demasiada para esta alma inquieta, rebelde y ávida de vivir a tope todas las experiencias.

Sus pensamientos y sus reacciones son casi siempre mentales e instantáneas, y no suele involucrarse demasiado, ni entregarse del todo.

Nervios, imaginación y tensión constantes.

Tiene una enorme curiosidad que puede llevarlo por muchos caminos hasta encontrar el definitivo, o puede no encontrarlo nunca y saltar de una experiencia a otra sin perseverar en nada.

Valiente, audaz y arriesgado, actúa por impulso y a veces no mide las consecuencias de sus actos.

Extraordinariamente intuitivo y perceptivo, capta al vuelo las energías de las personas y de su entorno.

Ya que reacciona instantáneamente a todos los estímulos, puede mostrarse temperamental, impulsivo o agresivo, lo cual puede atraerle problemas de convivencia.

Acontecimientos

Si no aparecen números estables y equilibrados, esta firma pronostica una vida activa, llena de variadas experiencias o cambios repentinos que pueden alterar el curso de los acontecimientos, pero desde luego no será una vida monótona ni tranquila.

Debe aprender a analizar y sopesar todas las alternativas, y no actuar solo por inquietud, aburrimiento o impaciencia.

A menudo tendrá vivencias dolorosas o conflictivas.

Experimenterá dificultades o enfrentamientos a nivel profesional o personal. En ocasiones, parece tener un imán que atrae problemas, merecidos o no.

Destino difícil.

★ ★ ★

Destino 6

NACIMIENTO 9 + FIRMA 6 = DESTINO 6

Características

Estos números representan el amor en todas sus manifestaciones: amor hacia las personas vinculadas a su vida por parentesco o amistad y amor hacia todos los seres humanos en general.

Noble, humanitario y generoso, sus mejores opciones profesionales serán en alguna actividad que vele por la seguridad y bienestar de los demás. También podrá tener éxito en el mundo artístico porque tiene grandes y variadas aptitudes.

Lazos afectivos muy fuertes. Los sentimientos son su talón de Aquiles y siendo demasiado vulnerable, puede llegar a obsesionarse con cualquier problema emocional y en consecuencia, perder su objetividad y equilibrio.

Siempre existirá una lucha entre su número de nacimiento, activo, optimista y vital, y la indolencia, autoindulgencia y pasividad que aporta la firma.

Hay posibles cargas familiares que agobian y limitan, pero que son generosamente aceptadas.

Acontecimientos

Si estos números no están acompañados por otros, activos, dinámicos y, sobre todo, perseverantes y esforzados, sus ambiciones no llegan a materializarse en un destino brillante. Todo lo contrario, porque estos números pronostican un destino fluctuante y de altibajos a nivel económico, profesional o sentimental.

Hay tendencia a desperdiciar oportunidades por permitir que los sentimientos, la desidia o la vida familiar interfieran en sus planes y ambiciones.

A veces pierde motivación y comienza proyectos con entusiasmo, pero no persevera y se rinde cuando las cosas se complican.

Hay obligaciones o cargas que pueden condicionar su vida, impidiéndole ser o hacer lo que hubiera querido.

★ ★ ★

Destino 7

NACIMIENTO 9 + FIRMA 7 = DESTINO 7

Características

Simbiosis casi perfecta entre las inquietudes espirituales, mentales y emocionales.

Es una espíritu altamente evolucionado que, si encuentra apoyo en otros números afines, potenciará la intuición y las aptitudes paranormales.

Posee una enorme curiosidad: todo lo quiere saber, escudriñar y analizar, pero, por encima de todo, le interesa descifrar los misterios de la naturaleza humana.

Serio, estudioso, profundo y grave, muy comprometido con lo espiritual, pero a la vez generoso, compasivo y perceptivo a las necesidades y problemas humanos.

Solitario y extraño, sus inquietudes a menudo lo distancian de los demás, de manera que puede tener muchos conocidos pero pocos amigos verdaderos, porque normalmente es muy selectivo. En algunas ocasiones también puede ser sociable y gregario.

Si no hay números abiertos en el resto del cuadro numerológico, experimentará angustia, aislamiento, soledad y tendencias depresivas.

Acontecimientos

Buscará vivencias centradas en la búsqueda de experiencias ligadas a la cultura, el autoconocimiento y la espiritualidad.

A menudo pronostica un destino interesante y la persona puede destacarse profesionalmente por su inteligencia y conocimientos.

Hay viajes, prestigio y vivencias interesantes, pero a menudo el éxito es más profesional que económico.

Posibles relaciones con personas importantes o influyentes.

Estos números pronostican un destino solitario y se encuentran en él más solteros, viudos o separados que en ningún otro, debido a su introversión y dificultad para expresar sentimientos, a veces soledad en compañía.

Tiene la intuición muy desarrollada y dotes paranormales que podría usar profesionalmente.

★   ★   ★

Destino 8

NACIMIENTO 9 + FIRMA 8 = DESTINO 8

Características

Números muy fuertes, drásticos y definidos, que hacen a la persona extremista y radical.

Intenso, valiente y audaz, no teme dar la cara y se arriesga cuando defiende principios de justicia, honradez y rectitud.

Extremadamente ambicioso, aspira siempre a lo mejor, pero está dispuesto a sacrificarse para lograrlo.

Como es difícil que algo pueda oponerse a su empuje y perseverancia, podría lograr lo que quisiera si en el resto del cuadro hay números activos y dinámicos, porque esta firma lo cierra y bloquea.

El dinero será siempre importante porque le da seguridad ante la incertidumbre del mañana y, aunque hay materialismo, también hay mucho idealismo en estos números.

Sería aconsejable que usara la habilidad financiera y ejecutiva que posee, para promocionar proyectos humanitarios o actividades científicas.

Tiene grandes poderes de sanación, dominio de las energías, y posibles facultades chamánicas.

Necesita números suaves y equilibrados porque no hay nada apacible ni diplomático en esta combinación.

Acontecimientos

Gracias a su capacidad ejecutiva y su laboriosidad, puede alcanzar cualquier meta que se proponga, en cualquier campo.

Éxito, poder, dinero o influencia pueden ser suyos porque sus planes son muy ambiciosos y está dispuesto a trabajar duro para alcanzarlos.

Tiene olfato comercial. Descubrirá oportunidades y se arriesgará cuando esté seguro de ganar.

Llevará una vida laboriosa y de ascenso constante, pero existe el riesgo de perderlo todo por exceso de ambición, intransigencia o arrebatos.

Hay posibles experiencias dolorosas y traumáticas en alguna época de la vida.

★　★　★

Destino 9

NACIMIENTO 9 + FIRMA 9 = DESTINO 9

Características

Números que representan la necesidad de libertad más absoluta, el ensueño, los proyectos de amor y ayuda de un ser muy evolucionado que ha venido con una misión de servicio, y cuyo objetivo es convertir al mundo en un lugar más humano, más solidario y feliz.

Su curiosidad no conoce límites y siempre está dispuesto a indagar, conocer y aprender.

Sensitivo, generoso y compasivo.

Estos números representan el amor universal y las personas que los llevan son casi siempre los quijotes de la sociedad.

Románticos, e idealistas, a menudo parecen totalmente desconectados de la realidad.

Bohemios, extraños y algo locos, son totalmente desinhibidos e irrepetibles, reclaman su derecho a vivir libremente, sin ceñirse a las reglas, costumbres o religiones que condicionan a los demás, y tienen la valentía de defender estos principios.

Noble, soñador, idealista y generoso, responderá siempre con amplitud y desinterés a las necesidades y problemas humanos.

Fogoso, inquieto y temperamental, tiene una gran capacidad de comunicación y aptitudes artísticas, literarias e histriónicas.

Estos son números de prueba, que exigen entrega, sacrificio y una vida dedicada a los demás.

Facultades paranormales, clarividencia, sueños proféticos e incluso habilidades como médium.

Inteligencia, sagacidad y recursos mentales. Carácter dominante, fuerte y apasionado. Temperamental y nervioso, se exalta con facilidad.

Acontecimientos

Llevará una vida útil y casi siempre fuera de lo común. (En este caso aún más que en otras personas con el mismo destino.) Frecuentemente la persona dedicará sus mejores esfuerzos al servicio humanitario.

Sus ideales de avanzada social, defensa del medio ambiente y protección a las personas indefensas lo convierten en un ser íntegro y comprometido que intentará mejorar las condiciones de vida de su entorno.

Puede destacarse en el arte, las finanzas, la literatura o cualquier campo de su elección porque es muy hábil y capaz.

Hay posibles viajes dentro o fuera del país. Existe también la posibilidad de que se establezca en un lugar distinto al de su nacimiento.

Necesidad de libertad total y absoluta en todos los sentidos y a todos los niveles.

En muchas ocasiones, su manera de ser tan distinta y peculiar lo hará extraño a los demás y serán muchos los que no podrán entenderlo.

Ciclos de vida

Como ya hemos visto, la numerología nos permite descubrir las características que conforman nuestra personalidad, y a través de ella podemos conocer no solo los rasgos visibles de nuestro carácter, sino incluso aquellos que no mostramos a los demás.

Rasgos que muchas veces nos perturban y obstaculizan nuestro camino, pero de los cuales no somos totalmente conscientes.

Sin embargo, la numerología va mucho más allá, porque tiene incidencia prácticamente en todo lo que nos concierne, y a través de ella podemos también conocer anticipadamente la inclinación que seguirán los acontecimientos en cada año de nuestra vida.

Sabemos que numerológicamente la vida se divide en ciclos de nueve años y que en cada uno de ellos sucederán ciertos acontecimientos que están relacionados con el número que preside dicho año. Conocer esta tendencia será una ayuda invaluable para que organicemos nuestra vida de manera que aprovechemos los años positivos y evitemos las acciones que pueden perjudicarnos en los años negativos.

Pero antes de entrar en materia, debemos aclarar que en numerología el año no comienza en el mes de enero como el calendario solar, sino que empieza a partir de la luna nueva de septiembre, la que cae después del 4 de septiembre.

De acuerdo con las reglas numerológicas, cada uno de los nueve años del ciclo trae unas determinadas vivencias a la persona, pero estas reglas, como todas las reglas, pueden tener excepciones, de manera que debemos aclarar que normalmente las cosas suceden como se explicará a continuación, aunque de vez en cuando los pronósticos no se cumplan en su totalidad. Es decir que un año positivo puede no ser tan brillante como se espera, y un año negativo puede no ser tan nefasto como se teme.

Como es lógico, en el caso de niños, adolescentes o personas que dependan de otras, las vivencias suelen estar relacionadas (o son una consecuencia) de lo que sucede a la persona cabeza de familia, pero de todos modos afectarán negativa o positivamente a la persona.

Procedimiento

Para saber en qué año del ciclo nos encontramos, sumaremos la fecha de nacimiento (día + mes + año) al año cuyo pronóstico queremos conocer.

Ejemplo: ¿En qué año del ciclo se encontrará una persona 1 en el año 2019?

Sumamos: $1 + 2 + 0 + 1 + 9 = 13 = 1 + 3 = 4$

Es decir que esta persona 1 estará en un año 4.

Año 1

Se acabaron las restricciones que lo inmovilizaron y frustraron el año anterior.

Comienza un nuevo ciclo de vida y su actitud mental es importantísima en este momento.

Año apropiado para tomar decisiones que pueden afectar toda su vida. Posibilidad de independizarse o contraer nuevas responsabilidades, así como de decidir por sí mismo o de actuar de forma distinta.

Es posible que acabe de terminar un año difícil que puede haberle afectado en una u otra forma, y que usted no se sienta física o emocionalmente en su mejor momento. La corriente vibratoria que ahora recibe lo anima a levantar su espíritu y a olvidar las experiencias desagradables del pasado. No permita que las pérdidas, penas o contratiempos que haya tenido continúen atormentándolo. Haga borrón y cuenta nueva porque en este momento está colocando la primera piedra de una nueva etapa, de manera que debe echarse las penas a la espalda y mirar el futuro con fe y esperanza. En este momento depende de usted el éxito o fracaso del próximo ciclo. No olvide que si entra en él con pensamientos negativos o inactivos, está condenando todo el ciclo al fracaso, porque su actitud presente afectará los ocho años por venir.

Seguramente este año comenzará algo nuevo para usted. Habrá cambios, pequeños o transcendentales: cambio de casa, ciudad o país: cambio de trabajo o dentro de él. Puede iniciarse en el mundo de los negocios, el arte o la creación, y se presentarán oportunidades nuevas en muchos campos. Nuevas amistades o cambios en las ya existentes. Cambio de estado: casarse, separarse, enviudar o tener hijos. Iniciar estudios, negocios, sociedades, etcétera.

Se trata de un año afortunado en general, y apropiado para tomar decisiones importantes. Es el momento apropiado para liberarse del dominio de personas que coartaban su libertad o le impedían demostrar su talento. Deje las muletas atrás y anímese a empezar solo una nueva aventura. Se trata de *su vida* y usted debe decidir por sí mismo.

Seguramente usted se siente lleno de energía y optimismo en este momento. Aproveche este estado de ánimo para abrir nuevos caminos, aunque es posible que estos se abran por sí solos. Salga a buscar las oportunidades, no espere que ellas vengan a usted.

Si actúa de forma inteligente y aprovecha las vibraciones positivas de este momento, puede tener el apoyo de personas importantes que se sentirán impresionadas con su empuje y actividad, personas que pueden ser útiles para usted en el futuro.

Posibles logros materiales, éxitos profesionales, viajes, promociones. Debe adaptarse al ritmo agitado y excitante que atrae esta vibración, y no permitir que los acontecimientos lo desborden. Posiblemente sucederán cosas imprevistas y usted debe conservar la calma y el control. Muéstrese activo, independiente, seguro de sí mismo, audaz y decidido, pero no impulsivo ni atolondrado. Todos sus actos deben ser meditados y razonados con prudencia y sensatez. Olvide las experiencias o ataduras desagradables del pasado y no olvide que si usa la fuerza de este período en forma negativa, egoísta, o solo pensando en su propio beneficio, estará malogrando su buena influencia y deberá esperar nueve años para que le sea dada una nueva oportunidad.

Año 2

Es posible que este año le parezca irritante y aburrido después de la acción y los acontecimientos del pasado año. En este momento las cosas no se ven tan claras y expeditas como al comienzo del ciclo y, aunque este no es un año totalmente negativo, resultará lento y aburridor.

Seguramente el ánimo con se inició el ciclo le hizo concebir esperanzas de que la racha seguiría, pero no será así, y para usted será desalentador comprobar que tardan en cristalizarse las actividades que con tanto entusiasmo inició. No debe desanimarse si así ocurre, porque este es un período en el que los asuntos que le conciernen sufrirán demoras que le fastidiarán y mortificarán. Todo esto será más notorio en el área profesional y, aunque en este momento la situación le parezca frustrante, a la larga comprobará que estas demoras han sido provechosas.

Ha llegado el momento de la reflexión, algo que seguramente no pudo hacer el año pasado. Debe pasar revista a lo que ha sucedido, a todo lo que ha logrado hasta ahora, y decidir en qué proyectos vale la pena continuar y cuáles debe descartar. En este momento las cosas necesitan un tiempo de maduración, de manera que ha llegado la hora de detenerse y valorar las posibilidades que tiene. Estudie, sopese, analice y haga su elección. El año pasado usted plantó unas semillas y ahora debe darles tiempo para germinar, y eso requiere tacto y paciencia.

Como ya se dijo, este año el énfasis dilatorio se centrará más en los asuntos profesionales, porque era necesario frenar un poco el ritmo, pero este será un buen año para otras cosas.

Será un buen periodo para todo lo relacionado con la salud. Si usted ha pospuesto un chequeo, un tratamiento o una operación, puede hacerlo ahora, porque es el momento apropiado. Será también un buen año para cambiar de casa o de trabajo, si el que tiene no le satisface. Es también una buena época para iniciar estudios que mejoren su nivel cultural y espiritual, y también para todo lo que esté relacionado con el arte, porque usted se encuentra en un momento especial de crecimiento interior y creatividad.

Tendrá la oportunidad de hacer un cambio en su hogar, su negocio, o de viajar. El trabajo en equipo o la colaboración con los demás están favorablemente indicados.

Se presentará una posible solución de problemas legales. Con diplomacia y tacto, podrá llegar a pactos o acuerdos satisfactorios. Por otra parte, sus servicios como mediador serán muy apreciados y podrá solucionar cualquier situación conflictiva, suya o de personas que lo rodean.

Si se presentan dificultades económicas, deberá actuar con moderación y sensatez, porque este no es momento apropiado para especulaciones financieras.

Año especialmente favorable para contactos, reuniones y sociedades. Para estrechar lazos de amor, amistad y particularmente para reparar vínculos afectivos rotos o deteriorados, porque su actual estado de receptividad y equilibrio le permitirá actuar con diplomacia. Procure llevar armonía y paz a la vida de los demás.

Tendrá o puede solicitar el apoyo de personas responsables e importantes. Aunque en general surgirán trabas y demoras para conseguir lo que desea, este no será un año totalmente negativo. El conocimiento de la numerología lo ayudará a aceptar filosóficamente que el ritmo de los acontecimientos ha bajado, y no intentará forzar la tendencia natural del año.

Recupere fuerzas después del ajetreado año 1 y limítese a esperar antes de embarcarse en proyectos de gran envergadura, pero de ninguna manera es esta una insinuación para que baje la guardia o se siente a descansar. Debe seguir trabajando con la misma dedicación y solo necesita entender que este no es un momento para extravagancias o derroches. Si deja que las cosas sigan su curso, con paciencia, precaución y tacto, comprenderá, a la larga, que ha sido para mejor.

AÑO 3

Prepárese para darle la bienvenida a un año que puede ser muy positivo y gratificante para usted

Este será un período de expansión y progreso en todas las áreas de su vida: negocios, dinero, trabajo, actividades relacionadas con el público y, en general, en todos los asuntos materiales y personales.

Si en este momento no tiene trabajo, tendrá ofertas (tal vez más de una), de manera que es posible que le cueste decidir. Si lo tiene y está a gusto con él, hay posibilidades de ascenso y promoción. De lo contrario, hay posibilidades de cambio a otro más agradable o mejor remunerado.

Si se mueve en el mundo de los negocios, pueden presentarse oportunidades de mejora, ampliaciones o nuevas aperturas.

Todas las actividades relacionadas con el público tendrán un gran incremento y estarán favorablemente influenciadas.

Encontrará una feliz solución a problemas pendientes, a menudo sin esfuerzo de su parte, simplemente por las influencias favorables que recibe en este momento. Libere su mente y no se preocupe, porque hay poderosas influencias cósmicas trabajando a su favor.

Plenitud, alegría y experiencias muy placenteras en los asuntos sociales, familiares y sentimentales. En estos momentos emana de usted un gran magnetismo y encanto que atraen la atención de los demás, de manera que este puede ser un gran año para los asuntos del corazón. Tendrá la oportunidad de consolidar las relaciones ya existentes, o de iniciar algo nuevo y muy bonito. Algunas personas se sentirán gratamente sorprendidas al comprobar que sus poderes de atracción están más desarrollados y que son muy solicitadas, especialmente por el sexo opuesto.

Las relaciones familiares pueden estar felizmente influenciadas y reinará un clima de gozo y armonía en el hogar. Si ha estado pensando en cambiar de casa o trasladarse a otro lugar, este es un buen momento para hacerlo. También puede aumentar la familia por un nacimiento o matrimonio.

Socialmente este puede ser un año excepcionalmente feliz. Tendrá la posibilidad de conocer gente interesante y divertida, viajar, reunirse con amigos, organizar excursiones o salidas nocturnas y frecuentar nuevos círculos. Es posible que surjan oportunidades de hacer cosas inesperadas, pero no se aísle porque este es un momento especial para expresarse, comunicarse y relacionarse.

Será también un período excelente para desarrollar actividades artísticas o literarias. Su mente, que está especialmente ingeniosa y expresiva, puede dar a luz ideas o proyectos brillantes.

Muchas personas conocerán el éxito y la realización de sus esperanzas y objetivos, como recompensa a sus esfuerzos pasados. Para algunos esta recompensa se cristalizará en reconocimiento profesional, prestigio, dinero o el apoyo de personas influyentes.

Se sentirá en la cresta de la ola lleno de entusiasmo y optimismo, de manera que debe impulsar todas sus actividades y lanzarse con fe a la conquista de sus sueños. Transmita a los demás la alegría que bulle en su interior.

De vez en cuando este año trae oportunidades fuera de lo común: como ganar una beca o un concurso, que lo inviten a un crucero o un viaje, o que reciba algún dinero o premio inesperado.

Desarrollo, avance y progreso serán suyos si equilibra el trabajo con la diversión. No permita que el deseo de divertirse lo haga descuidar sus responsabilidades, porque en tal caso el balance del año será negativo. Si actúa de forma superficial o despreocupada, este será un año de grato recuerdo, pero no aportará nada positivo.

Manténgase alerta para no dejar pasar las oportunidades. Dele un nuevo impulso a sus ambiciones. Concentre su energía y aproveche la buena influencia vibratoria para poner en movimiento nuevas actividades o llevar a feliz término las presentes.

Año 4

Cuidado. Usted está entrando en un año muy distinto al anterior, y si quiere que sea provechoso, deberá afrontarlo con una actitud también muy distinta. Pasó el período de la diversión y se enfrenta a un año práctico y de intenso trabajo.

A la mayoría de las personas que se encuentran en este año no les faltará el trabajo, al contrario, es posible que se sientan agobiadas por sus obligaciones, pero lo frustrante será comprobar que hay mucho más trabajo que compensaciones económicas. Sin embargo, en el sentido de que sus esfuerzos están sentando bases para su prosperidad futura, este puede considerarse un año productivo. Numerológicamente considerado como un año de siembra, no espere ver resultados inmediatos, porque sus esfuerzos de hoy fructificarán más adelante. Haga planes y dedique todo su esfuerzo a llevarlos a feliz término. Piense que está construyendo para el futuro.

Enfréntese a todas sus actividades con una mentalidad racional, lógica y responsable. No tome decisiones apresuradas. Analice, estudie y sopese cualquier oportunidad que se le presente y exponga sus ideas, o actúe solo cuando lo tenga todo bajo control.

Sea prudente y moderado en sus gastos porque este no es un año para especular ni arriesgarse económicamente. Piense en el futuro y, si invierte, debe ser en algo sólido o que lo ayude a mejorar sus condiciones ambientales o de trabajo, algo que produzca dividendos en el futuro, porque las vibraciones de este año son de largo alcance. Puede tomar un curso de especialización, comprar un equipo para su profesión, montar un negocio, invertir en bienes raíces, inmuebles, cuentas de ahorro, etcétera.

Los viajes de placer deben limitarse, y si se va de vacaciones, aproveche para estudiar o para planificar sus actividades futuras.

Algunas personas se enfrentarán a obstáculos o problemas este año, y deberán usar toda su perspicacia y buen juicio para solucionarlos. Pueden ser problemas de dinero, legales o laborales.

Aunque debe responsabilizarse y tomarse este año seriamente, no se convierta en un obseso del trabajo. Relájese y tómese tiempo para el descanso y la meditación.

No es probable que se presenten grandes problemas de salud, pero seguramente usted se sentirá tenso y nervioso, debido al aburrimiento y la rutina que caracterizan a este año. Combata la tendencia al pesimismo porque puede sentirse muy frustrado y deseará provocar cualquier cambio para romper la monotonía. No lo haga, tenga paciencia, porque se avecina un período mucho más entretenido y estimulante. Por ahora debe controlarse y aguardar, recordando que no debe esperar resultados inmediatos ni espectaculares.

Si no controla sus nervios, su estado anímico puede crearle problemas de convivencia o conflictos laborales.

Céntrese en sus objetivos. Sea ordenado, persistente y metódico. No permita que las actividades sociales interfieran en su progreso. Si adopta o persiste en una actitud frívola o poco responsable, tendrá problemas en el futuro, ya que el descuido de sus obligaciones traerá tropiezos y decepciones. Pero, por encima de todo, no olvide que la tendencia vibratoria del momento le aconseja paciencia y fortaleza.

Año 5

Ha comenzado un año distinto al anterior y traerá nuevas oportunidades. Aquí están los cambios que usted deseaba y es posible que sean más de los que usted puede controlar.

Para algunas personas este año puede ser frenético, porque las vibraciones que presiden este período son de gran dinamismo, actividad, impaciencia y nerviosismo. En este año pueden producirse cambios en su vida profesional, familiar o sentimental.

En algunos casos, las personas que tenían su vida ordenadamente planificada, verán su mundo trastocado por acontecimientos inesperados, de manera que una de las actitudes más importantes este año será la de expectante atención, para saber elegir entre las numerosas opciones que pueden presentarse. Deberá estar atento para no dejar pasar las oportunidades que trae. Atrévase. La corriente vibratoria le aconseja ser audaz, resuelto y tomar las oportunidades al vuelo.

No permita que el ritmo inquieto y alterado del año lo desborde. Pase lo que pase, no se desconcierte, coja el ritmo y adáptese a las nuevas circunstancias. No se cierre ni se aferre a las cosas del pasado, ya que esta apertura le permitirá sacarle partido a este inquieto período, pero no debe detenerse. Confíe en la buena estrella que preside este año. Tal vez se vea ante la posibilidad de comprometerse en acuerdos y contratos muy importantes, que determinarán en gran medida su futuro. Estos compromisos pueden ser personales o profesionales, y pueden ser a largo plazo. Este es un período fluctuante y lleno de energía, un período que demanda actividad, comunicación y que le aconseja aprovechar cualquier oportunidad que se le presente, aún aquellas que le parezcan arriesgadas.

Los cambios estarán a la orden del día: cambios de casa, ciudad o país. Cambios de relaciones sociales, sentimentales o familiares: matrimonios, separaciones, nuevas amistades, cambios que lo vinculen a personas influyentes, cambios laborales. Para algunas personas serán cambios menores, pero para otras pueden ser cambios profundos, en su trabajo, estudios o vida personal.

En cualquier caso, hay grandes posibilidades de que su situación actual se vea modificada, casi siempre positivamente o, cuando menos, la excitación y la ilusión que vivirá, constituirán un desafío que traerá interés a su vida.

Este puede ser un período especialmente propicio para la comunicación, la expresión personal y los contactos comerciales y sociales con personas de su entorno y con el extranjero. Los viajes están muy favorecidos y, aunque algunos pueden ser por motivos profesionales, otros pueden traerle nuevas oportunidades, evasión y descanso.

Aunque en algunos casos los cambios le serán impuestos por el destino personificado en las personas de su entorno, en otras ocasiones será usted mismo quien los provoque. No se aferre a nada, sea flexible y manténgase libre y dispuesto para sacarle partido a todo lo que este inquieto período puede ofrecerle.

Puede experimentar emociones intensas por diversos motivos. Algunas personas conocerán el éxito, la popularidad, el amor, el prestigio o el logro de sus ambiciones y, como se sentirán profundamente inspiradas, aumentará su capacidad creadora.

Si decide ampliar sus horizontes o cambiar de rumbo, no actúe impulsivamente. Puede arriesgarse, pero inteligentemente, con audacia y empuje, pero también con equilibrio y sensatez.

Como ya habrá podido comprobar, este promete ser un año interesante y constructivo, pero debe cuidar sus nervios ya que su sensibilidad estará a flor de piel. La enorme fuerza que preside este año lo llenará de inquietud e impaciencia, y si no controla sus impulsos puede tener reacciones bruscas o agresivas. No olvide que con tacto y sagacidad se abren muchas más puertas que presionando atolondradamente.

AÑO 6

Este año promete ser excepcionalmente propicio para todos los asuntos familiares y del corazón. Amor, familia y responsabilidad serán la nota clave de este período. Para la mayoría de las personas traerá armonía, felicidad y equilibrio en los asuntos sociales y domésticos, pudiendo incluso recuperar afectos perdidos (por ruptura o distancia). Podrían también reaparecer en su vida amistades o personas a las que no veía desde hacía tiempo.

Su encanto y cualidades magnéticas estarán muy acrecentados y la gente se sentirá atraída hacia usted. También estarán favorecidas las relaciones sociales y las diversiones, no tanto fuera de casa, como en su hogar o en el de otras personas.

Sin embargo, antes de proseguir, una nota de advertencia: la inclinación y naturaleza de los acontecimientos de este año pueden mostrar dos características totalmente opuestas las cuales se explicarán a continuación:

La mayoría de las personas vivirán uno de sus mejores años. Se sentirán totalmente satisfechas con su situación familiar o sentimental actual, y habrá una profunda sensación de plenitud y equilibrio en todo lo que se relaciona con sus seres queridos. Es muy posible que su hogar sea centro de reunión de las personas que tienen problemas o que buscan un remanso de paz y comprensión. Si está casado, sus hijos o su pareja pueden darle motivos de satisfacción y alegría. Encontrará en su casa y en su compañía la felicidad y el equilibrio, y se sentirá tan a gusto que en ocasiones le costará ocuparse de las cosas materiales y cotidianas.

Para otras personas, no muchas, este puede ser un año en el que su hogar o los vínculos sentimentales se rompan. Pero esto solo sucederá cuando las relaciones de los años precedentes hayan estado muy deterioradas. En tal caso una ruptura permitirá que la persona recupere la normalidad, ya que la palabra que define a la vibración que preside este año es *equilibrio*.

Algunas personas encontrarán el amor, establecerán fuertes vínculos afectivos porque su encanto y sus poderes de atracción estarán muy desarrollados, de manera que este es un período favorable para crear un hogar y consolidar vínculos de todo tipo.

Las actividades sociales proporcionarán gratos momentos de esparcimiento y amistad en plan íntimo, y se sentirá más inclinado a tomarse las cosas con calma y disfrutar de la vida que a ocuparse de las cosas serias o las cosas diarias. Puede sentirse indolente o perezoso, pero si cede a esta tentación, desperdiciará las oportunidades de progreso que pueden presentársele o la continuidad de lo que ya había iniciado. Pero, como otra de las dualidades que se dan bajo esta vibración, puede ocurrir, aunque no muy a menudo, todo lo contrario. Es decir, puede suceder que el trabajo lo agobie y no le permita un respiro.

Durante este año puede suceder también que algunas personas se sientan abrumadas por ataduras o responsabilidades familiares que coartan su libertad. Es posible que se vean obligados a cuidar o hacerse cargo de algún pariente enfermo o imposibilitado, o que surjan problemas en su hogar y que su familia los necesite.

Este será un año excelente para invertir en bienes raíces o para promocionar los asuntos materiales. Las negociaciones y los convenios reciben buenas vibraciones, pero debe ser cuidadoso antes de comprometerse o firmar.

Usted está en un buen momento para introducir cambios o mejoras en su hogar, en su lugar de trabajo o en su apariencia personal, porque todo lo relacionado con el ornato y la belleza se encuentra bajo excelentes vibraciones, así como también todas las actividades artísticas.

Los asuntos legales pueden resolverse favorablemente y al estar bajo la influencia de este año le será posible solucionar problemas u obstáculos cotidianos con buen juicio y sensatez.

Si se muestra generoso, considerado y comprensivo, si trata de aliviar los problemas de las personas que lo necesitan, si ofrece su ayuda desinteresada, estará viviendo el espíritu de amor y servicio que caracteriza a este período vibratorio.

Intente no dar demasiada importancia a los problemas cotidianos. Puede mostrarse hipocondríaco, pesimista, indeciso u obsesionarse por cosas sin importancia. Si no controla esta tendencia, pueden presentarse problemas de salud.

De usted dependerá si el final de año presenta un saldo positivo o no. Habrá oportunidades de perfeccionamiento y progreso, pero como la vida social o familiar será tentadora, puede encontrarse con las manos vacías si no logra equilibrar ambos extremos

AÑO 7

Nos encontramos ante un año que puede traer grandes logros y satisfacciones y a la vez grandes pesadumbres morales y espirituales.

Por una parte, se presentarán excelentes oportunidades de afianzar y realzar el prestigio social y profesional, de manera que las personas que se mueven en círculos públicos brillarán por méritos propios. Es posible que en este momento comience a recibir las distinciones que haya merecido por sus esfuerzos previos.

Muchas personas conocerán el éxito, la fama y la popularidad, porque este es un año en el que, más que todo, resalta la vida profesional y la persona puede llegar a la cumbre de su carrera.

Es posible que para algunas personas la recompensa económica no sea tan importante como los honores o el reconocimiento, pero aún así recibirán compensaciones económicas.

Como no es un año que enfatice la parte comercial, será peligroso aventurarse en arriesgadas operaciones financieras y solo deberá promover y continuar los negocios que ya estaban en marcha, pero no iniciar nuevos, porque este es un período para el perfeccionamiento en todos los niveles, pero no para la expansión. Sin embargo, para algunas personas, este año traerá recompensas inesperadas que el destino pone en su camino.

Existe la posibilidad de viajar, dentro o fuera del país, por trabajo o placer, y de establecer contactos de amistad o negocios en esos lugares.

Este será un buen año para cambiar de casa o de trabajo, para iniciar estudios o especializarse, para comprar, vender, o para buscar trabajo.

Y ahora pasaremos a otra de las más importantes tendencias de este año, y es la que tiene que ver con la búsqueda, la reflexión y la madurez espiritual. De alguna manera, la mayoría de las personas que se encuentren en este año, se sentirán inclinadas a profundizar en su interior. Se cuestionarán las verdades y realidades vividas hasta este momento y buscarán dentro de sí mismos o por medio de los estudios metafísicos, la respuesta a las incógnitas que los agobian.

A raíz de estas profundizaciones, muchas personas cambiarán sus códigos de conducta, porque sus parámetros morales y mentales habrán dado un giro de 180 grados. Para muchas personas, esta profunda catarsis interior irá acompañada de angustia, tristeza y depresión. Si en este momento no están físicamente solos, lo estarán en pensamiento e incluso pueden sentirse solos en compañía. Sin embargo, casi todos saldrán beneficiados de este aislamiento. En otras pocas ocasiones, esta soledad y este dolor vendrán por la separación o pérdida de seres queridos, con el consiguiente sufrimiento moral.

En este año no hay lugar para la frivolidad, sino para la reflexión y los pensamientos profundos. Será un período de autoanálisis, de búsqueda y crecimiento espiritual y mental. La mayoría de las personas que se encuentren en este año intentarán reflexionar sobre su propia vida y desearán conocer el porqué y el hacia dónde de la existencia humana. Sentirán la necesidad de leer y cultivarse. Tratarán de aislarse y pueden tener momentos de tristeza, melancolía o depresión.

Sus cualidades psíquicas e intuitivas estarán muy acrecentadas. Escuche su voz interior, ella lo inspirará para alcanzar el equilibrio en todos los aspectos. Este autoanálisis puede darle un nuevo significado a su vida, ya que adquirirá una nueva apreciación de los valores, y si el balance del nuevo año es positivo, muchas personas se sentirán como los dueños de su alma y su destino.

Como sus inquietudes estarán volcadas hacia el interior y su sentido práctico o de la realidad puede ser muy deficiente, debe tener cuidado al comprometerse o firmar papeles o documentos, porque podría ser engañado. Esto también puede suceder en las relaciones personales y algunas personas pueden sufrir decepciones sentimentales, pérdidas de dinero o fracasos comerciales por errores de juicio.

Cuide su salud. No permita que sus conflictos internos lo dominen porque se expone a frustraciones, depresiones o problemas de salud. Si esto sucediera, un descanso en un lugar tranquilo y alejado lo ayudará a recuperarse.

Año 8

En estos momentos el destino lo enfrenta a las consecuencias de sus actos pasados, de manera que este será un año de estricta justicia y cada uno tendrá la cosecha que merezca porque, en lenguaje metafísico, ha llegado la hora del karma.

Si durante el ciclo que está a punto de terminar y sobre todo si su entrada en él fue positiva (como se explicó en el año 1), prepárese para recibir las recompensas que ha ganado. Si en todas sus actividades se esforzó al máximo, la recompensa se materializará en un mejoramiento de sus condiciones económicas: aumento de sueldo, gratificaciones, herencia, lotería, entradas extras por un pluriempleo o un remate que le permita independizarse.

Progreso, dinero, poder o influencia pueden ser la cosecha de una siembra que ha durado siete años, ya que el año augura ascensos, promociones, o la ayuda de personas influyentes para acceder a cargos de responsabilidad. Use el poder y magnetismo que irradia en estos momentos para establecer contactos que pueden ser importantes para el futuro, ya que se encuentra en un momento muy especial en el que puede influir en los demás. En estos momentos ocupa el centro del escenario y debe compartir su prosperidad y buena suerte con los demás.

Quienes se mueven en el mundo de los negocios verán aumentadas sus ganancias y tendrán la oportunidad de crear nuevas sucursales o ampliar y mejorar las existentes. Pueden invertir en propiedades y negocios de reconocida solidez, e impulsar todos los asuntos materiales y sus ambiciones.

Poderosas corrientes vibratorias actúan a su favor en estos momentos y, como se trata de un año en el que prima la justicia, usted puede exigir su derecho a ascensos o aumentos de sueldos si considera que en el pasado ha sido injustamente postergado. Si lo merece, sus reivindicaciones serán escuchadas.

Si su comportamiento moral ha sido correcto, no solo se sentirá en paz consigo mismo, sino que el destino puede premiarlo con inesperadas recompensas espirituales, materiales y morales. De lo contrario, la ley del karma se lo cobrará y pueden sobrevenirle grandes problemas y quebrantos. Si ha desperdiciado oportunidades por pereza o despilfarro, se enfrentará a angustiosos problemas de dinero. Si ética o moralmente ha quebrantado las leyes humanas o cósmicas, el castigo puede ser demoledor.

Este es un año excelente para impulsar sus fantasías de renombre y recompensa. Haga uso del poder y magnetismo que irradia en estos momentos para establecer contactos importantes para el futuro. Planee a largo plazo y atrévase, pero no actúe atolondradamente. No se deje deslumbrar por promesas de resultados o éxitos rápidos. Si proyecta algo nuevo, use su buen juicio, razone con sensatez y planifique todos sus pasos anticipadamente. No edifique castillos en el aire, ni comience sobre una base insegura. Debe contar con un sólido respaldo económico, mostrarse eficiente, organizado y elegir con cuidado a sus colaboradores. Si está dispuesto a luchar y perseverar, no tema ambicionar. De lo contrario, si no observa todas las precauciones, puede embarcarse en negocios ruinosos.

Existe la posibilidad de que, de alguna manera, personas de edad graviten sobre su vida. Puede verse involucrado en sus problemas o incurrir en gastos y preocupaciones inesperadas para ayudarles o, en caso contrario, personas de edad pueden prestarle a usted valiosa ayuda o consejo.

En estos momentos goza de gran fortaleza y entereza, lo que le permitirá superar cualquier problema. Controle sus impulsos y sus sentimientos. Los arrebatos o explosiones de violencia pueden entorpecer su progreso.

Aproveche este buen momento para actuar justa, responsable y honestamente y para fortalecer su carácter y templar su ánimo.

Si a nivel profesional, económico o personal las cosas no funcionan o son negativas, debe examinar su comportamiento, seguramente ha cometido algún error durante este ciclo. Recuerde que este es el año de la cosecha y que tendrá exactamente lo que se ha ganado, así que debe rectificar.

Este puede ser un año de grandes logros e intensa actividad, pero comienza a gestarse en usted una inquietud o deseo de cambio, que puede traerle intranquilidad y desconcierto.

Las personas que no hayan actuado correctamente en el pasado, corren el riesgo de ser descubiertas, procesadas o encarceladas.

Año 9

Este es el año que cierra el ciclo y es necesario que usted se prepare anímica y mentalmente para afrontarlo y hacer la transición al próximo ventajosamente, a pesar de los obstáculos que posiblemente encontrará.

En estos momentos debe estar dispuesto a desprenderse del pasado y de las ataduras que lo ligan a él. Se trata de un balance y liquidación en el que pueden producirse pérdidas materiales o emocionales que lo afectarán profundamente, pero si su actitud mental es la correcta, logrará superarlo felizmente.

No se aferre a nada ni a nadie. Deje que las vibraciones operen por sí solas y ellas harán la selección por usted, pero si en su interior siente la necesidad de romper con lo que sea o con quien sea, hágalo, porque en estos momentos su intuición no lo engaña en este aspecto.

Si no está satisfecho con su trabajo o condiciones de vida, tenga paciencia porque se avecinan cambios importantes.

Aunque haya rompimientos y separaciones, piense que se encuentra inmerso en una labor de limpieza necesaria para que pueda empezar libre de trabas el próximo ciclo.

Existe la posibilidad de experimentar una pérdida, desengaño o traición, relacionada con los afectos o la amistad.

Todo lo que tenga que morir, acabar o desaparecer de su vida lo hará, y usted debe dejarlo ir sin nostalgia, con la seguridad de que se trata de situaciones o personas que ya habían cumplido su propósito en su vida y que ahora se alejan para dejar paso a todo lo nuevo que le traerá el próximo ciclo. Es indudable que en muchos casos estas situaciones producen un doloroso desgarro interior, pero si usted conoce de antemano lo que está sucediendo y por qué, le será más fácil superarlo.

Como al finalizar el ciclo la persona se encuentra baja de defensas y de moral, debe cuidar su salud. Posibles problemas de dinero, trabajo o relaciones personales. Se siente frustrado y atrapado en una situación a la que no le ve salida, pero en muchos casos es su estado anímico el que tiende a magnificarla.

No se descorazone, porque si lo hace se mostrará pesimista, malhumorado y susceptible, complicando aún más las cosas. Si la situación se le escapa de las manos, puede cometer errores de juicio y tomar decisiones equivocadas que lo expondrán a ser engañado o a involucrarse en proyectos laborales o sentimentales de dudoso resultado.

Otra característica importante de este año es que las cosas iniciadas en él no tienen duración. Hay excepciones que confirman la regla, pero son muy pocas, de manera que si una relación personal o profesional le interesa, espere antes de comprometerse. Si se encuentra en un momento difícil y le ofrecen una solución, acéptela para salir del paso, pero no le durará. De manera que debe evitar firmar documentos importantes, contraer compromisos amorosos, de trabajo o de cualquier índole.

Estudios, asuntos legales, solicitudes, trabajos o negocios *iniciados en años anteriores* sí pueden acabar favorablemente. Asimismo, si por sus acciones o conducta pasada lo merece, pueden sucederle cosas providenciales y muy beneficiosas. Pero esto sucede muy, pero muy raramente.

Se encontrará con la posibilidad de viajar, dentro o fuera del país, o de iniciar contactos importantes en el extranjero, así como de vivir experiencias fuera de lo común.

No debe lamentarse, ni encerrarse en sí mismo. Aproveche este año para estudiar, planificar y organizar mentalmente las actividades que iniciará en el año 1, y sobre todo, no se quede atado a sus penas o problemas. Intente superar esta etapa volcándose en los demás, ya que sus buenas acciones volverán a usted magnificadas.

En estos momentos necesita fortaleza y paciencia para superar esta etapa que, de lo contrario, puede resultar traumática. Enfréntese al futuro con ilusión. El nuevo ciclo lo espera y de usted dependerá lo que pueda alcanzar en él.

52 días críticos

Como ya hemos explicado, la vida se divide en ciclos de nueve años pero, independientemente de las vivencias que el año pronostica, los 52 días previos al cumpleaños son siempre un período delicado, y en él pueden producirse situaciones muy parecidas a las que pronostica el año nueve.

Problemas de dinero, de trabajo o relaciones personales a cualquier nivel.

La persona está al límite de su resistencia física, mental y emocional, de manera que los problemas de salud que en otros momentos pueden no ser importantes pueden alargarse, enquistarse o dejar secuelas en estos días.

A veces pueden producirse también pequeños accidentes o percances poco comunes, de manera que debemos ser más cuidadosos en todo sentido.

Del mismo modo, no se aconseja tomar decisiones importantes en estos días porque después del cumpleaños podemos arrepentirnos.

Las personas muy ancianas o muy enfermas deben tener especial cuidado, porque la pérdida de energía que todos sufrimos en esos días les afecta muy negativamente. De manera que si usted está vinculado con o tiene a su cargo este tipo de personas debe estar especialmente atento a sus problemas y necesidades. (Por supuesto, en los 52 días críticos de ellos, no los suyos.) En ocasiones pueden producirse recaídas e incluso la muerte de personas de estos grupos.

Nota: Para calcular los 52 días críticos comience a contar desde el día del cumpleaños hacia atrás, hasta llegar a 52.

Epílogo

Los descubrimientos, conclusiones y conocimientos alcanzados en el siglo pasado han superado en mucho a los conseguidos en los siglos anteriores.

Científica y tecnológicamente hemos alcanzado un nivel que va mucho más allá de lo que pudimos imaginar no hace mucho, y con enormes y asombrados ojos nos enteramos casi a diario de nuevos e increíbles avances en prácticamente todos los campos.

Sin embargo, debemos reconocer que aún estamos lejos de conocer las razones de nuestra encarnación como seres humanos. No hemos llegado aún a descubrir el cuándo, el cómo y el porqué de nuestra aparición en este planeta. Esta es para muchos la incógnita más inquietante en la que estamos inmersos.

Nuestra búsqueda espiritual nos ha permitido descubrir algunas técnicas que nos aclaran ciertos aspectos relacionados con la personalidad humana: la astrología, la quiromancia, la grafología y la numerología nos ayudan a conocer ciertos aspectos de nuestra personalidad, nuestras inquietudes y nuestras vivencias.

Aunque esto es cierto, nos perturba e impresiona más aún, porque, ¿cómo es posible que la posición de ciertos planetas en el momento de nacer, las letras que forman nuestros nombres y apellidos, las líneas que cruzan la palma de la mano, o nuestra caligrafía definan nuestra personalidad? ¿Cómo y por qué sucede?

Lo que quiero decir con esto es que cada nuevo paso que damos en nuestra búsqueda espiritual nos adentra aun más en el laberinto, y nos enfrenta a nuevas incógnitas.

De todas las técnicas mencionadas, la numerología es la menos conocida y, sin embargo, es la única que puede producir cambios en la personalidad y en la trayectoria vital de la persona.

Como es lógico, esto es fácil de decir pero difícil de hacer. El numerólogo necesita ante todo un conocimiento profundo de las características inherentes a cada número, y las reacciones que estos producen al aparecer en el cuadro numerológico de una determinada persona, las que serán totalmente diferentes dependiendo del número de nacimiento y de las infinitas variantes que forman los nombres y apellidos.

Esto significa que los números que son positivos para una persona pueden ser muy negativos para otra, aunque hayan nacido el mismo día. Como prueba, tenemos los casos de gemelos nacidos por cesárea casi en el mismo momento, que se convierten en personas que a veces son diametralmente opuestas y cuyas vidas difieren totalmente. ¿Por qué? Porque tienen en común la fecha de nacimiento, pero sus nombres y firmas son distintas.

Si las dificultades que experimentamos en la vida son kármicas, terminaré usando las palabras que un hombre muy sabio y muy luminoso me dijo, hace muchísimos años, cuando la responsabilidad de producir estos cambios me abrumaba: "Hija mía, ¿quién le ha dicho a usted que un karma tiene que durar toda la vida? Un karma puede durar pocos o muchísimos años, pero cuando la deuda está pagada llega el momento de la liberación, y el alma dirige a la persona hasta quien puede ayudarle en esa transformación. Recuerde que las casualidades no existen, y que en el mundo no se mueve una hoja que Dios no quiera que se mueva...".

De la autora

He dedicado casi cincuenta años de mi vida a la numerología. Durante los últimos quince he tenido la grata tarea y el privilegio de introducir esta técnica extraordinaria en muchos países, y de preparar a cientos de personas para usarla en beneficio de quienes, por estar usando combinaciones numerológicas negativas, se ven aquejados por múltiples problemas.

Estos queridos ex alumnos y ahora colegas, sufren como yo de "numeromanía", porque una vez que se comprueban los resultados de esta increíble técnica, es imposible permanecer indiferente y dejar pasar la oportunidad de ayudar a quienes lo necesitan.

En este libro se explican de forma simplificada (no es un texto de estudio) las características principales que nos aportan los números según el lugar que ocupan en nuestro cuadro numerológico. Estos números nos muestran cómo somos; con nuestras virtudes y nuestros defectos, con nuestro potencial y nuestras carencias.

Pero este es un retrato sin retoques, que ocurren cuando el numerólogo hace los cambios que la persona necesita para acceder a una etapa más plena y feliz.

Cualquier libro que yo pudiera escribir después de *Numerología mágica* y *Ciclos de vida*, expondría básicamente los mismos conocimientos, porque en lo que es un hecho establecido y constatado no se puede improvisar. No obstante, confío en que este libro ayudará a lograr una mejor comprensión del cuadro numerológico y, por lo tanto, una interpretación más profunda y acertada.

Dicen que todos los caminos llevan a Roma aunque muchos sigan una ruta distinta, y este libro es una variante que considero tan didáctica como los libros anteriores, pero que, al presentar los conocimientos desde otro ángulo, facilita la comprensión, el aprendizaje y la lectura de un cuadro numerológico.

Por lo tanto querido y curioso lector, espero que disfrute descubriéndose a sí mismo y a los demás.